イラク
占領と核汚染

［写真・文］
森住 卓
Morizumi Takashi

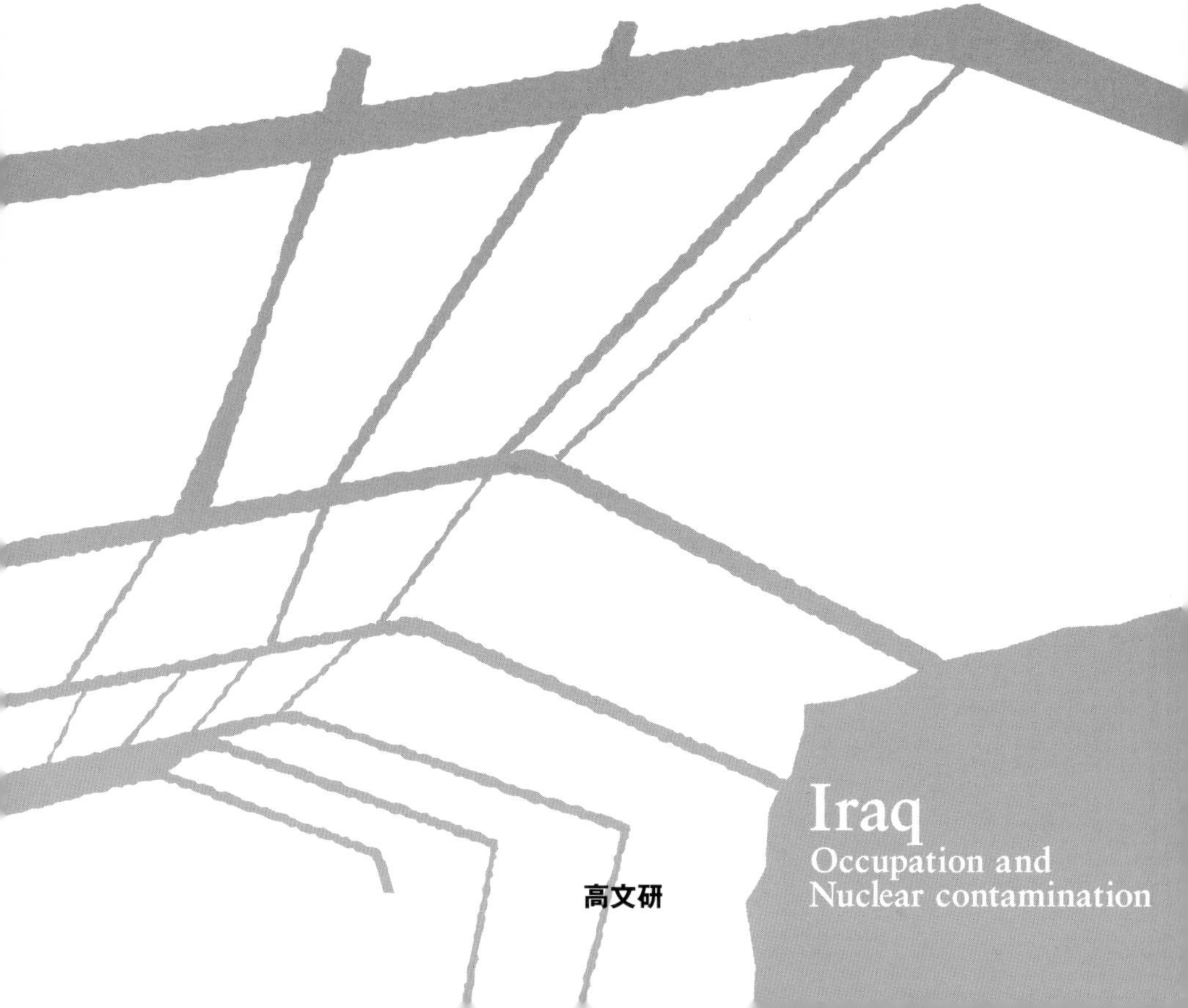

Iraq
Occupation and
Nuclear contamination

高文研

❖——もくじ

I　戦争前夜　3

II　占領の日々　49

III　核汚染　107

あとがき　153

装丁／商業デザインセンター・松田 礼一

＊二〇〇三年四月のサダム・フセイン政権の崩壊によって、地名・施設名などがサダムシティー⇒サドルシティーのように変更している。本書では、取材時点での呼称を使用している。

I　戦争前夜

イスラム教シーア派のメッカと言われる
ナジャフはイマーム・アリ聖廟を中心に
町が広がっている（2002年12月）

バグダッド市内の学校では子どもたちが銃声に驚かないようにする、耳慣らしの朝礼が始まった。朝礼の時、子どもたちの前で空砲を発射していた（2002年12月　バグダッド）

配給所で食糧を備蓄する市民（2002年12月 バグダッド）

戦争前に、結婚式をあげるカップルが増えた
（2002年12月 バグダッド）

マルマーケット（2002年12月　バグダッド・バーブシェークの近く）

石油ストーブの修理屋さん(2002年12月　バグダッド)

英国統治時代の建物が並ぶバグダッド旧市街
（2002年12月　バグダッド）

白血病の少年サードの姉が食事の支度を始めた。
(2003年６月 バグダッド・サドルシティー)

金属加工の町（バグダッド・セバア通り）子ども時代
の鍛冶屋さんを思い出した（2002年12月）

金属加工の町（2002年12月　バグダッド・セバア通り）

鯉に似た川魚を焼いている風景をよく見かける
（2002年12月　バグダッド）

金属加工の町（2002年12月　バグダッド・セバア通り）

金属加工の町（2002年12月　バグダッド・セバア通り）

荷馬車で灯油を売り歩く、ハッサンとラカルの兄弟
（2003年１月　バグダッド）

写真家協会のガイド、カディームさんの長男は
小児マヒで寝たきりだった。
(2003年１月　バグダッド・サダムシティー)

アマル・ダウード（３歳）は白血病末期だ。医師はあきらめてしまった
（2002年12月　バグダッド・サダム小児教育病院）

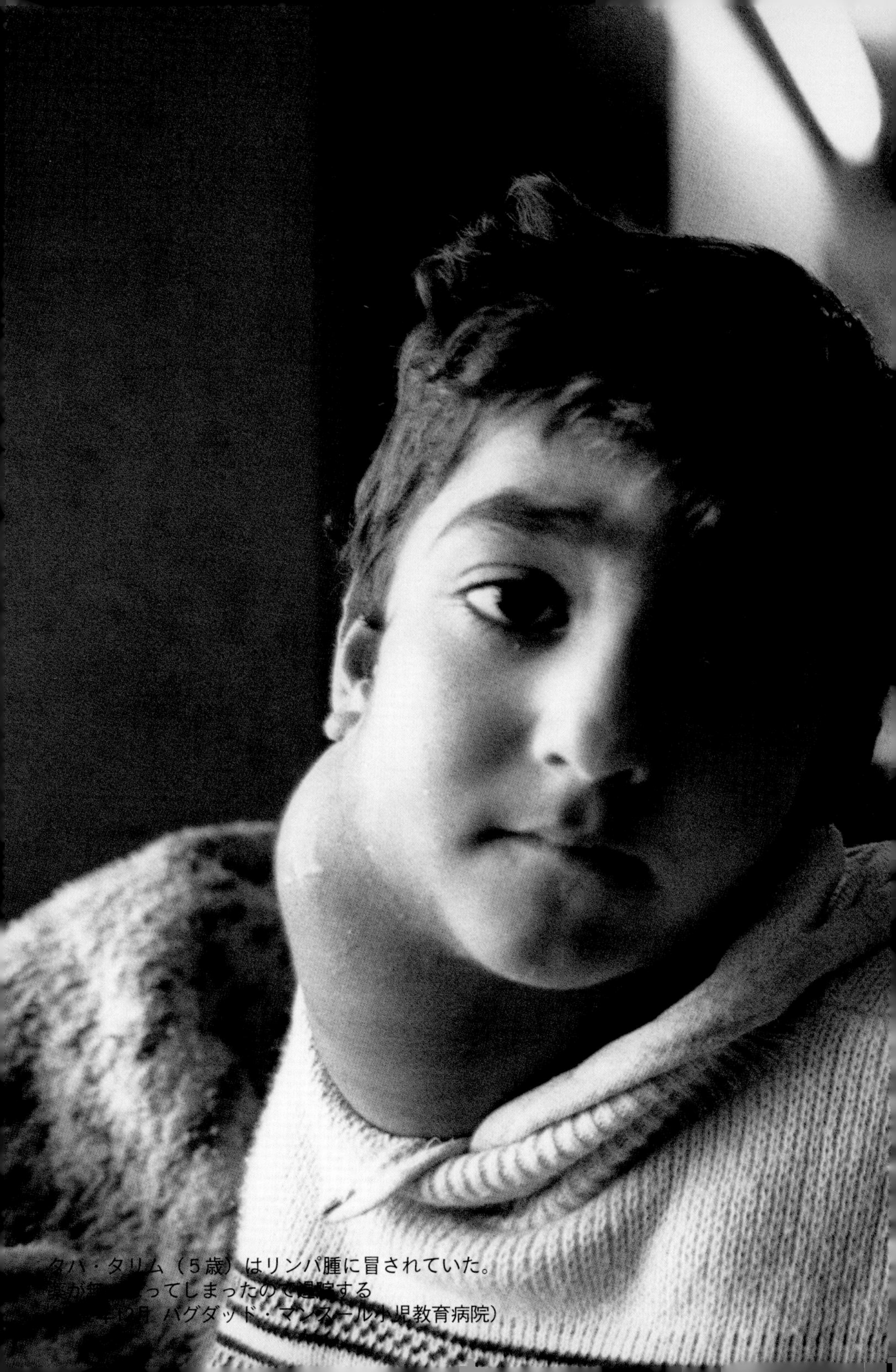

タハ・タリム（５歳）はリンパ腫に冒されていた。
薬が無くなってしまったので退院する
（[illegible]年12月　バグダッド・マンスール小児教育病院）

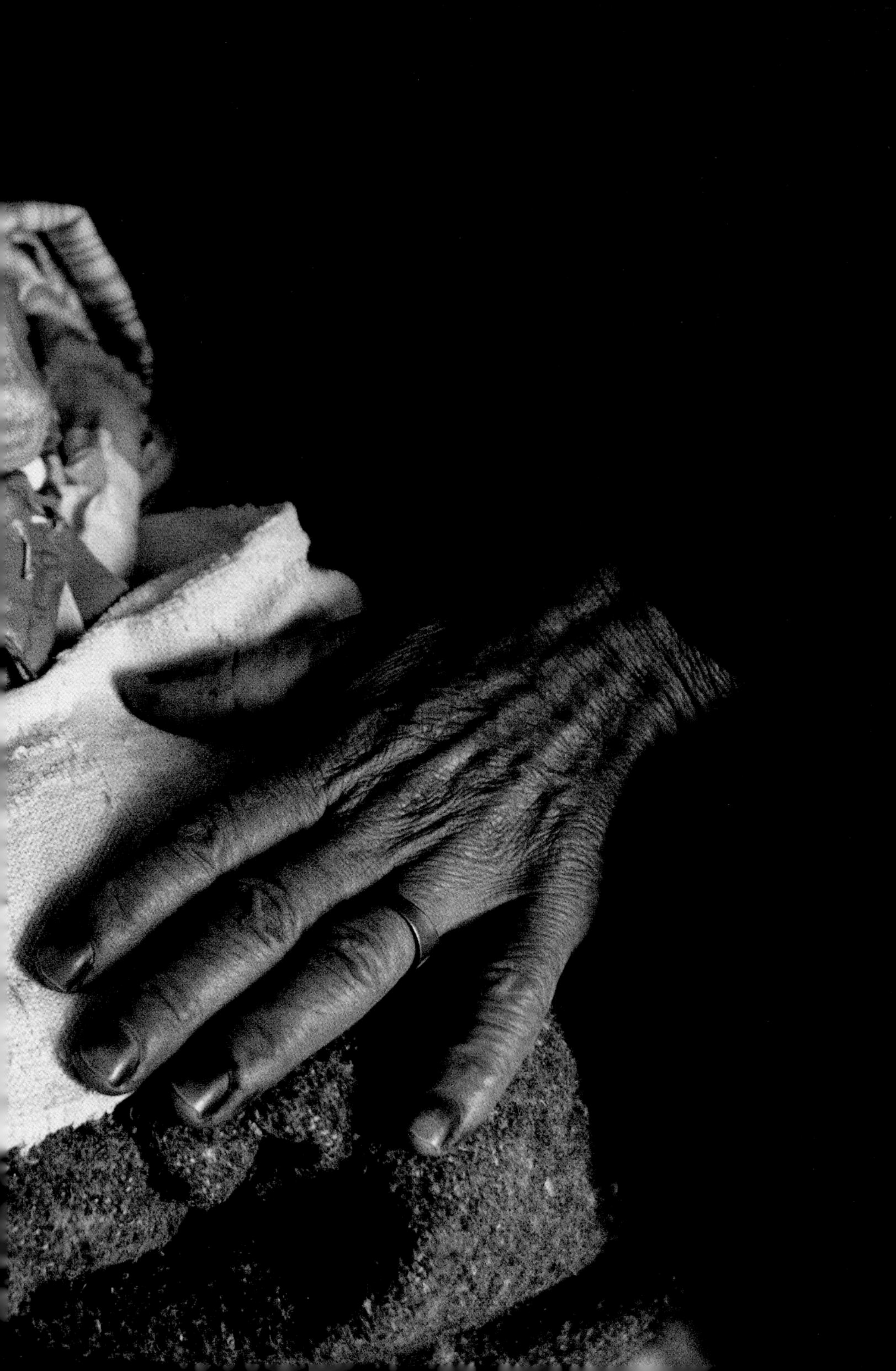

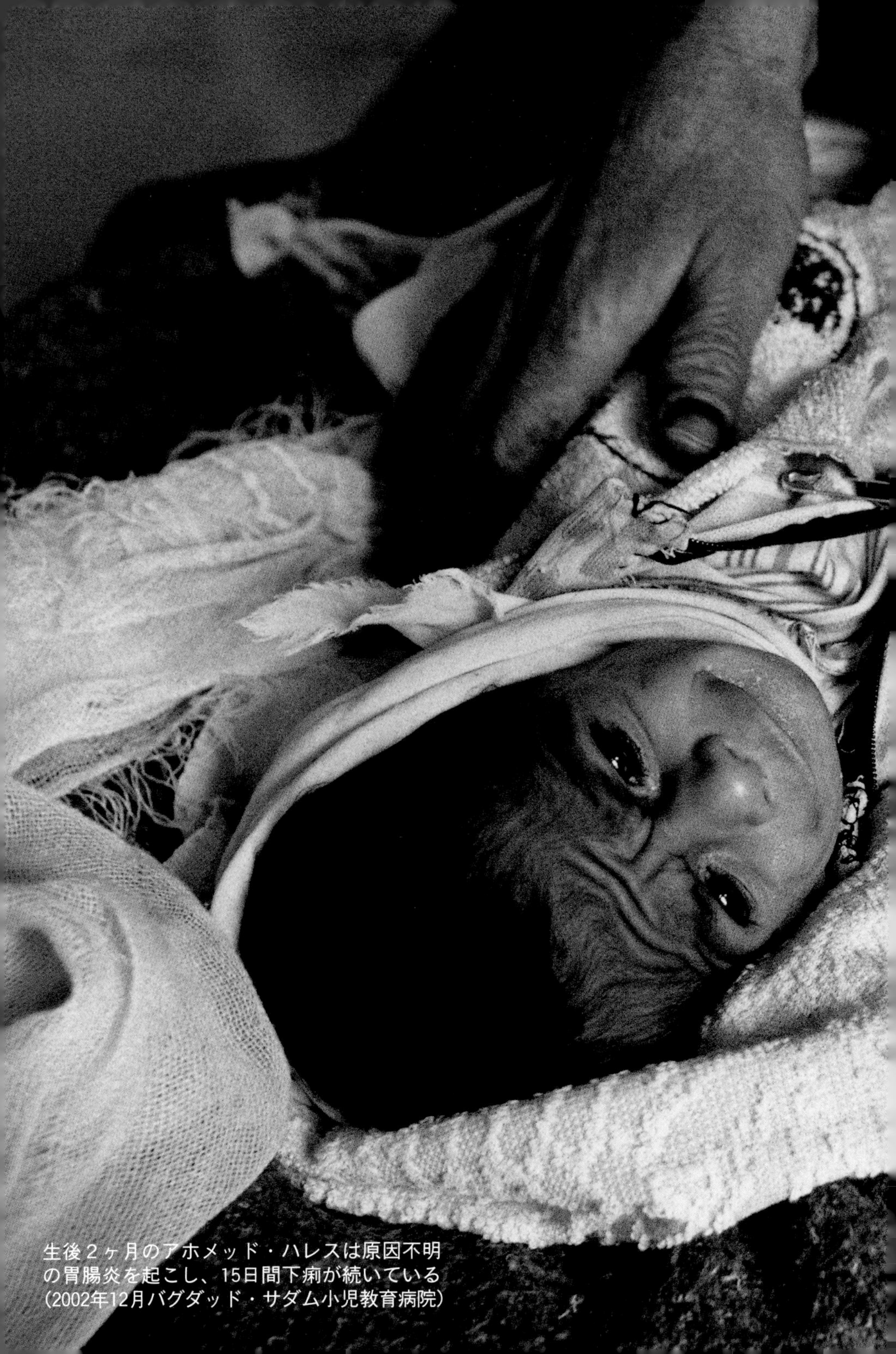

生後２ヶ月のアホメッド・ハレスは原因不明の胃腸炎を起こし、15日間下痢が続いている
（2002年12月バグダッド・サダム小児教育病院）

イラクのクリスチャンは人口の３％。
12月24日各地の教会はクリスマスミサ
が行われた。（2002年12月　バグダッド）

バグダッド芸術大学のキャンパス（2002年12月）

キャンディー売りの少女（2003年1月 バグダッ

キャンデー売りの少女（2003年１月　バグダッド）

ムスタファのいとこ（右）と妹（左）（２００２年９月　イラク南部アル・アラルワ村）

ムスタファの友だちが不発弾で遊んでいた
（2002年９月 クルナ地区のアル・アラルワ村）

Ⅰ　戦争前夜

◆◆ムスタファの村

ムスタファ君と初めて会ったのは、バスラのイブン・ガズワン小児病院をドキュメンタリー映画「ヒバクシャ・世界の終わりに」を製作中の鎌仲ひとみさんとともに訪ねたときだった。ムスタファ君はお父さんに連れられて、白血病の治療に来ていた。

二〇〇二年九月、治療が終わって村に帰るというムスタファ君とお父さんに同行させてもらった。九月下旬なのに四〇度を超えそうな日が続いていた。車窓からは熱風が吹き込み、窓を閉めておいた方が涼しく感じる。脊椎に注射をされて、その痛みが残っているのか、具合の悪そうなムスタファ君は終始、お父さんのキリさんに抱きかかえられてぐったりしていた。

ムスタファ君の村は、バスラの北一〇〇キロにあるチグリス川とユーフラテス川の合流地点に近いクルナ地区のアル・アラルワ村だ。人口一二〇〇人の小さな村は、野菜や牧畜で暮らす、平和で静かな農村だった。ムスタファ君は二年前に白血病にかかり治療を続けていた。しかし、治療に必要な抗がん剤は、経済制裁の影響でいつも不足し、時々治療が中断してしまう。そのため、ムスタファ君の病状は一進一退を続けていた。

ほとんどの物資を輸入に頼っていたイラクでは一九九一年の湾岸戦争後の国連による経済制裁の結果、経済活動は麻痺状態に陥ってしまった。とりわけ、食糧、医療部門などは悲惨な結末を生み出した。

村の生活は貧しく、ムスタファ君の家も例外ではなかった。一〇〇キロ離れたバスラまで通院することは交通費だけでも大変なことだ。バグダッドの病院では子どもの白血病の薬を買うためマイホームを売り払ってしまったという話をよく聞いた。そういえば、ムスタファ君の家には冷蔵庫と扇風機、写りの悪いテレビがあるだけで家具らしいものは何もなかった。

ムスタファ君の担当医であるイブン・ガズワン小児病院のジナーン医師は「経過は順調だが薬がいつも不足している」と暗い顔をして言った。バスラ・サダム教育病院のジワード医師は一九九六年以降、経済制裁緩和措置である「ＯＩＬ ＦＯＲ ＦＯＯＤ」プログラムで医薬品が入手できるようになったにもかかわらず、慢性的に医薬品が不足しているわけをこう告発した。

「イラクが発注した医薬品を外国製薬会社は納品を意図的に遅らせ、治療のタイミングを逃してしまうケースがたくさんある。国連やアメリカは〝イラクは医薬品を十分輸入しているではないか、それなのに経済制裁で医薬品がないと不平を言う〟と批判するが、事実は納品の意図的なサボタージュだ。その患者に必要なときに必要な薬が欲しいから注文を出すのに。投与の時期を逸した薬はその患者に使えない。時期を失った薬は無駄になり、結局患者を死なせてしまう。イラクの子どもたちの命が弄ばれている」と。

そんな深刻な状況の中でもムスタファ君の家族や周りの子どもたちは元気で明るい。取材一日目からムスタファ君の家には近所のたくさんの子どもたちが私たち外国人を見ようと押しかけてきた。どの子がムスタファ君の兄弟姉妹なのかわからない。カメラを向けるとみな写真を撮ってくれと集まってくる。もちろん近所の子どもも一緒に。

ムスタファ君と近所の子どもたちが近くの広場に大砲の弾が落ちているというので連れて行ってもらった。自宅から二〇〇メートルほどの広場に一抱えもある不発弾が転がっていた。子どもたちの遊び道具になっている。まだ爆発する可能性のある危険なものだ。

二年前にも、近くで地雷を拾って遊んでいた近所の子どもが四人犠牲になった。湾岸戦争のときアメリカ軍が落として行ったものだ。

近くのユーフラテス川に行った帰りのことだ。畑道を歩いていた鎌仲さんに一人の老農夫が近づき、「日本は何でアメリカに協力するんだ。アメリカはイラクをこんなにメチャメチャにした。俺の着ているものはこんなにボロボロだ。こんなに貧しい国にしたのはアメリカだ。日本はアメリカと一緒になって俺たちの首を絞めようとしているんだ」と叫んだ。彼女は老農夫に何と答えてよいのか困っていた。

母親のファウジーヤさん（三八歳）はアメリカが攻めて来ることをとても心配していた。「私たちはイラクという独立国で平和に暮らしているだけだ。攻撃してくるのはいつもアメリカだ」と静かに言って、ムスタファ君の妹マラル（六歳）をひざの上に引き寄せた。

順調に取材が進んでいた三日目の午前中、情報省ガイドのアッバースがこの地域の管轄事務所に呼ばれて午前中いっぱい帰ってこなかった。午後、シェスタ（昼寝）が終わって母親のインタビューが終わったころ、アッバースが戻ってきた。帰るなり突然、取材は打ち切りだと言い出した。その理由を話さないまま、ひどい剣幕になったアッバースを見て、これは何かあると思い、バスラのホテルまで引き上げることにした。アッバースの説明では、私たちがバクダッドの情報省からもらってきた許可証にはバスラ近郊の村に二日間の滞在しか書いてないというのだ。

その許可証を見せられてもアラビア語で書かれたものだから私たちはわからなかった。地区の行政責任者に指摘されたらしい。二日間の滞在許可しかなく、すでに三日目の取材をしていたことになる。アッバースは仕方なく引き上げざるを得なかったのかもしれない。

私たちはその夜、外務省に電話し、ある人物に、事態打開のため、力を貸して欲しいと電話した。驚いたことに彼はバクダッドから遠く離れた農村で起こっている事態をすでに知っていて、「明日から取材が再開できるように手を打っている」という答えが返ってきた。これには私も鎌仲さんもびっくりした。というより、ちょっと恐ろしくなった。私たちの行動は全てどこかで監視されていたことが、この事件でわかったからだ。

しかし、私たちは後ろめたいことをしているわけでもないし、むしろ、前向きに考えて「私たちのことを見守ってくれる」と思うことにした。というわけで翌朝は早朝から取材に出発することが出来た。

朝七時過ぎ、畑に行くとチグリス川から引いた用水路の水を動力ポンプで畑に汲み上げているお父さんのリキさんの姿があった。白いターバンを頭にまき、黄ばんだ白い服を着た彼の体が朝日を浴びて痩せた体がシルエットとなって見えた。水が静かに水路に流れ込むと、土の中に隠れていたカエルが次々と顔を出してきた。畑では姉のナワルさん（一七歳）がお母さんのファウジーヤさんと一緒にオクラの収穫をしていた。かごにいっぱいになると近くの市場へ売りに行った。

オクラはスープにするととてもおいしくイラクの人たちには人気のある野菜だ。しかし、お父さんはあまり儲からないといっていた。

この村には貧しくとも、平和に暮らしている人々がいた。そんな人々の暮らしがいつまでも続くように願わずにいられなかった。

しかし、バスラ滞在中、空襲警報が一晩で何度も鳴り、ベッドから飛び起こされた。戦争は確実に近づいているようだった。

◆◆戦争前夜――二〇〇二年一二月の休日

金曜日はイスラムの日曜日にあたる休日だ。バグダッドの繁華街は日本と変わらない、年末の慌しさになっていた。年末にかかわらず、市内中心部のバグダッド博物館にはたくさんの人々が来ていた。女の子たちは楽しそうに大きな歓声を博物館の中に響かせていた。市内のワッハラーン中学校の女子生徒たちだ。そんな姿は日本の中学生と同じだ。

彼女たちに戦争やイラクの国について質問した。いきなりぶしつけだったが、「サダム・フセイン大統領をどう思うか?」と聞いてみた。元気の良い答えがあちこちから返って来た。イーヴィン・アサダアラーさん(一四歳)は「サダムは私たちのお父さんよ」と即座に屈託なく答えた。さらに、アメリカの攻撃を前に「今、とても緊張している。私たちはこの戦争に必ず勝つと思う。サダム・フセインを信じているわ。反対にブッシュは世界を壊す破壊者よ、非常に汚い人だと思う。犯罪者だわ」と元気な答えが返ってきた。みな口々に同じような答えを返してきた。一方、ヘンドゥディア・カミルさん(一四歳)は「アメリカ人はとてもいい人よ。問題はアメリカ政府よ」と非常に冷静な答えが返ってきた。

アラビアンナイトの世界を彷彿とさせるアル・ラシッド通りの歩道でCDを並べて売っていた青年に出会った。アリー・ジェリールさん(二〇歳)は兵役に就いているが一週間の休暇中で自宅に帰ってきていた。しかし、彼にゆっくり休暇を楽しむ時間はない。家計を助けるために働いている。「私は軍人だ。アメリカが来たらやっつけるための準備は出来ている。我々は恐れていない。神を信じているから。イスラム社会、アラブの国々は我々の兄弟だから彼らは我々を助けてくれる」ときっぱり言う。両親からはアメリカが攻めて来たら「戦うべきよ」といつも言われている。

二〇〇二年九月末に訪れたバグダッドと表面上は何も変わらないが、市民の中には迫り来る戦争が重苦しくのしかかっているようだ。

イラクでもっとも高級のアル・ラシッドホテルの玄関には「BUSH IS CRIMNAL」（ブッシュは犯罪者だ）というタイル張りのブッシュ大統領の顔（湾岸戦争当時の米ブッシュ大統領、つまり現ブッシュ大統領の父）がはめ込まれている。ホテルに入るお客さんは否応なくブッシュの顔を踏んでゆかなければならない。これはイラク人のジョークだ。

いま、多くの外国人ジャーナリストがこのホテルに宿泊している。世界中では一〇〇〇人以上の外国人ジャーナリストが入国のためのビザの発給を待っているという。世界の熱い目がイラクに注がれている。

査察

二〇〇二年一二月二二日、国連の大量破壊兵器査察の取材に出かけた。

ガイドのカディームが六時三〇分にホテルに迎えに来てくれた。いつも三〇分遅れるのにこの日はぴったり指定の時間に部屋のチャイムが鳴った。うかつにも私が寝坊してしまった。顔も洗わずホテルを飛び出したら、外には黄色いシボレーのタクシーが待っていた。カディームが雇ってきたのだ。これなら国連の使っているニサッンサファリに負けないだろう。カディームの愛車カナダ製シボレー八一年型ではとても出せない猛スピードで、国連の事務所になっているエルカナートホテルに向かった。まだ日の出前でちょっと暗い。一番乗りしたのはいいのだけれど、寒い。

八時過ぎ、ようやくAFPやイラクTVのカメラマンが、国連事務所の正面にカメラを据えた。

ぼろぼろのタクシーに乗ってくるイラク人職員もたくさんいる。八時二〇分、建物前の動きが慌しくなり、青い帽子をかぶった査察官らしい人が車に乗りこんで行く。一斉にカメラマンたちが自分の車に乗り込む。次々とゲートから出てくる国連の車、それと査察を受けるイラク側施設関係者の車が一斉にハイウェーに飛び出してゆく。見失わないようにと報道関係の車が続く。およそ二〇台近い車が、ハイウェーを猛スピードで駆け抜ける。

一〇〇キロ以上のスピードでも他の車を割り込ませないために、車間距離はせいぜい二、三メートル。前の車が急ブレーキを踏んだら追突は避けられない。バグダッド郊外に出ると猛烈な霧。視界が二〇メートルもない。互いの位置を確認するため、ハザードランプが点滅する。はらはらしながら後部座席から眺めていると、先頭車が何かの工場のようなところに入っていった。

工場の中に吸い込まれていった査察官は何をしているのか、霧が深くて全く見えない。カメラマンは全くのお手上げ。ロイターのカメラマンが携帯電話を取り出し、どこかと連絡を取っている。私に「もう一カ所、いま査察が入っているから一緒に来ないか」と言うので、別の工場に移動した。車で一〇分もしないうちに工場についた。

すでに、査察は始っていた。ここは霧も晴れて金網越しに工場の中が良く見える。だが、吹きさらしは寒い。エジプトのカメラマンが焚き火で暖を取っていたので、一緒にあたらせてもらった。建物内に入れないジャーナリストたちは外から金網越しに成り行きを見守るしかない。建物の中に入ってしまえば、完全に何をしているのかわからず、お手上げだ。

建物の外に国連職員の姿が見えると一斉にレンズの砲列が彼らの一挙手一投足を追う。一一時過ぎ、査察を終えて国連の車が工場の外に出てきた。工場の門前でサダム・フセインの肖像が見送っていた。

国連査察団がいなくなった後、ジャーナリストの工場内立ち入りが許された。錆びついた大型クーラーや大小のパイプの入り組んだプラントは、何の変哲もないただのミルク工場に見えた。

工場のマネージャーのウセフ・ヌレタさんが会見で「ここは以前にも査察を受けました。何も見つかりませんでした。湾岸戦争のときに破壊され、ようやく立ち直ったのです。ミルクの品質管理の研究室にも査察が入りましたが、ここも何も出ませんでした」と言った。

イラクの提出した大量破壊兵器に関する報告書の最高機密部分がアメリカの手によって抜き取られていたということが、二〇〇二年一二月一七日付のドイツ紙「ターゲスツァイトゥング」によって暴露された。

イラクはジュネーブのIAEA（国際原子力機関）とニューヨークの国連本部にそれぞれ一部ずつ一万二〇〇〇ページの報告書を提出したが、アメリカは安保理議長国のコロンビアを脅迫して、国連の受け取った報告書を手に入れた。その後、米国は報告書のコピーを他の常任理事国四カ国に配ったが、非常任理事国一〇カ国がコピーを受け取ったのは、たった三〇〇〇ページだけだった。

抜き取られた部分には、イラクへの大量破壊兵器の技術供与や武器援助などで動いた米国その他の企業名が記されていたという。

夢を消し去る戦争

イラクでクリスマスを祝う人々を見た。イラクのキリスト教徒は全国民の三%にも満たないが、イスラム教徒も仏教徒の日本と同じようにクリスマスを祝う。もちろん、敬虔なモスリムは見向きもしないが。

一二月二四日、バグダッドのホレイ・ファミリー教会で厳かにミサが行われた。午後七時、信徒たちが集まり、一〇〇〇人以上の老若男女で礼拝堂のホールは満員だった。子どもたちの聖歌隊が賛美歌を合唱し、神父が信者を前に祈りを始めた。会場は人いきれで、外の冷気に冷やされていたレンズが曇ってしまう。

イラク写真家協会のガイドのカリームさんは、イスラム教徒で毎回欠かさずメッカに向かってお祈りをしている。彼がミサにどういう態度を取るのか興味深くてじっと見ていると、男の信者たちと一緒に座っているではないか。

神父の話は少し長かったので、時々居眠りをしていたが、最後まで聞いていた。おまけにキャンドルサービスの時には、彼もロウソクを手にして火をつけてもらっていた。そんなカリームさんを観察している間に、私も厳かな気持ちにさせられた。

石油ストーブ

冬のバグダッドは氷こそ張らないが、気温が氷点下近くまで下がる。夜はストーブが欠かせない。取材でいつもお世話になっている友人のワリードが、年末に石油ストーブを買いに行くと、前年に比べ三〇％も値上がりしていたという。戦争になれば発電所が攻撃目標になる。電気ストーブが使えなくなることをよく知っている人たちは、石油ストーブに頼るからだ。おまけに石油ストーブは煮炊きも出来るから便利なのだ。

ワリードが毎日石油ストーブのことを言っていたので、クリスマスプレゼントに買ってあげた。早速彼は家に持って帰り、新しい石油ストーブに点火して見せたら、子どもたちは大はしゃぎだったと教えてくれた。これで暖かい夜が過ごせる。

白血病のサード（当時一六歳）はバグダッドのサダムシティーに住んでいる。彼の家でも、両親が灯油の備蓄用に二一〇リットル入りのドラム缶を買いに行った。ところが、二万ディナールもして買えなかったという。このドラム缶の値段も一昨年に比べ、二倍に跳ね上がっている。二万ディナールと言えば教員の一月分の給料だ。サードのお父さんは二万ディナールものドラム缶を買えない。

サダムシティーの多くの家庭はサードの家と同じ経済状態だ。戦争が始まれば真っ先に製油工場がやられ、灯油も手に入らなくなってしまう。「戦争が来なければいいのだけれど」とお母さんのワッハ（三五歳）はポツリと言った。

灯油売りの兄弟

サードの家で取材をしていると、外の路地から「カラン、カラン、カラン」と金属音が聞こえてきた。澄みわたった空に響いて耳に残る音だった。路地に出ると、灯油の入った大きなタンクを荷馬車に積んで売り歩く兄弟が、客寄せにタンクをたたいていたのだ。

二人の名前はハッサン（一五歳）と弟のラカルだ。ラカルは年齢を聞いても自分が何歳なのか知らなかった。隣りで兄のハッサンが一一か一二だと言ったが、兄もはっきり知らない。きっとラカルは誕生日を誰からも祝ってもらったことがないのだろう。

ラカルは一年生になったときに少し学校に行ったきり、それから学校に行っていない。ずっと前のことだから忘れてしまった。「学校に行ったって何も役に立たない」と言っていた。彼にとってこの商売の方がずっと楽しいらしい。学校に行けない子どもたちに聞くと、必ず「学校に行きたい」と言う答えが返ってくる。しかし、ラカルはすぐにやめてしまったために、学校の楽しさを知らないのかも知れない。彼にとってどちらが幸せなのか？

「今年はすごく景気がいい。なぜだろう」と兄のハッサンが言っていた。戦争が近いから、市民が買いだめしていることも知らないらしい。彼らにとってそんなことはどうでもいいことなのだ。

写真を撮り始めると近所の子どもたちが集まってきて、ラカルの周りが子どもたちでいっぱいになってしまう。そんなこと全く感知せずに、黙々と働いていた。彼の顔には自信と誇りが満ちていて、とても一二歳(?)の少年とは思えない逞しさがあった。

小さくシワだらけのラカルの手は、灯油とホコリで汚れ、冷たい風にさらされていた。通りかかった、茹でたヒヨコマメを売る屋台を呼び止めて、一皿買って弟と分け合って食べていた。その顔には少しだけ幼さが残っていた。

金属加工の町

私の好きな撮影スポットである小さな金属加工の工場の集中する、バグダッドのセバア通りに行った。ここでは熟練した職人さんたちが鉄を焼き、ハンマーでたたき、見事にいろいろなものを作っている。時間が過ぎるのも忘れて見とれてしまった。一緒に働いている子どもたちも、自然と技を身につけて行く。同じ年頃の日本の子どもたちは不器用な手の動きをしているが、ここの子どもたちは、無駄のない見事な動きで作業をこなしてゆく。ここにはハイテク産業一本槍の日本で消えてしまった、熟練工たちの技が残っている。

経済制裁によって手に入らなくなった機械部品は、何でもここで作ると言っていた。「経済制裁のおかげでイラク人は創造性が豊かになった。何でも工夫して自分で作らなければならなくなったから」と、皮肉たっぷりにワリードが言っていた。

電気もなく昔の時代に戻らざるを得なくなる世界が来るかも知れない時、最後まで生き残るのはこういう手作りの技だ。

僕は逃げる

取材からホテルに戻ると、いつも朝食を運んでくれたり洗濯屋に汚れ物を持って行ってくれたり、身の回りの世話をしてくれるアホメッド君（一八歳）が、半分開けておいた部屋のドアーからそっと入ってきた。うつむき暗い顔をしているアホメッド君をソファーに座らせると、「四日後に軍隊に行く」と敬礼をした。

彼はイラク南部の出身で両親と三人の姉妹がいた。一九九八年の空爆で羊を放牧中の父親がアメリカのミサイルで殺された。翌日変わり果てた父親の姿を見た。母親も一昨年心臓発作で亡くなった。父親が亡くなった時一五歳、以来タバコやペプシ売りをして家計を助けていたが、一九九九年末からこのホテルに住み込み、食事つきで働かせてもらっている。

私の顔をじっと見ながら、「もし、あなたが軍隊に行くことになればお母さんは悲しむだろう。でも、僕には悲しむ人はいない」と、顔を曇らせた。アメリカと闘うのかと聞いたら、そうだと言う。二人の妹は祖母の家に同居し、彼の仕送りで生活している。軍隊に行ったら給料が三分の一に減ってしまうから、仕送りが出来ない。「妹たちを食べさせていけない。彼女たちに新しい服も買ってあげられない」と、悲しそうな顔をした。

イラクの徴兵制は大卒者一年半、高卒者二年、中卒者は三年間だが、一二〇〇ドル払えば兵役が免除になる。だが、庶民にそんな大金はとても払えない。あさってバスラで入隊する。

徴兵の通知が来る前、このホテルに泊まっていたシリア人と、シリアの農場で働く約束をしていた。「これで僕の夢が消え去った。シリアに行けばきっと成功したのに」と、あきらめきれずにいるようだった。

アメリカ軍が一五万人もの兵力を周辺国に集結し、攻撃を始める機会を狙っている。春までに戦争が始まるかも知れない。

「クウェートからアメリカ軍が国境を越えて来たらどうする?」と質問すると、「逃げる。今も、どうしたら軍に行かずにシリアに逃げられるかを考えている」と答えた。そばで通訳をしてくれたワリードが、「彼は間違っている。どうして敵が来るのに戦わないのか?」

と首をかしげていた。

一八歳といえば、これからさまざまな人生が開かれる可能性に満ちた年頃なのに、その可能性を戦争は摘み取ってしまう。インタビューした部屋は薄暗い蛍光灯がついているだけの、暖房のない部屋だった。逆光で陰になった彼の顔に、目だけが不安そうに光っていた。

二〇〇三年一月初め、ブッシュ大統領はイラクに対しての臨戦態勢がほぼ整ったことを明言し、「征服のためではなく、国民を自由にするため戦う」と強調した。イラク国民は、アメリカ軍の攻撃におびえながら新しい年を迎えた。

◆開戦――二〇〇三年三月二〇日

二〇〇三年一月末に帰国してしまった私は、開戦前にイラクに再入国したいと思いビザの申請をしたのだが、すでに戦時体制に入りつつあったイラク情報省には、世界中から二〇〇〇人以上のジャーナリストが入国ビザの申請をしており、情報省の処理能力を超えてしまっていた。頼りにしていたイラク写真家協会も、すでに情報省の完全統制下におかれて機能を果たしていなかった。

ブッシュのフセインへの戦争最終通告が刻々と迫っていた。何としても戦争前にイラクに入っておきたかった。バグダッドの写真家協会、イラク大使館と何度も交渉し、何とか「人間の盾」のビザが出た。開戦直前、アンマン国境が閉鎖されてしまう可能性が出てきたのでシリアビザも取得し、ダマスカス経由のルートを取ることにした。

成田空港を出発したのは三月二〇日午前中だった。世界中から戦争反対の声が巻き起こり、その声がブッシュの手を縛って欲しいという、一縷《いちる》の望みをつなぎつつ日本を飛び立った。しかし、その時、ブッシュは戦争へのカウントダウンを始めていた。アムステルダムのスキポール空港に到着すると、BBCやCNNニュースは空爆が始まったと報じていた。

すでにアンマン行きのフライトがキャンセルされていた。アンマン―ダマスカスにチケットを変更しておいたのは、正解だった。

三月二一日早朝、まだ暗いうちに到着したダマスカス空港は薄暗いロビーに日本大使館の職員が来ていた。イラクに入る日本人に、入国を断念するように説得していた。私は「ジャーナリストだからどうしても行きます」と、説得を断った。

バグダッドに行ってくれるタクシーはすでに、戦時価格になっており、支払ったタクシー代は八〇〇ドルもした。開戦前は、アンマンからバグダッドまで一〇〇キロを一〇〇ドル前後だったから、非常に高い。命と引き替えだからしかたない。しかし、その後さらに二倍以上に跳ね上がった。

ダマスカスからおよそ四時間でイラクとの国境アル・タンフに着いた。国境はアンマンルートより静かで、係官は寝ているらしく、閉まっていた。タクシードライバーが入国管理の係官を起こして来てくれた。他に通過する人は誰もいなかった。

戦争前には難民が出てくるのではと言われていたが、イラクから出国する人は見かけなかった。入国手続きは簡単に終わりすぐ出発した。六時三〇分、少し東の空が明るくなっていた。アンマンからバグダッドに行く、通称バグダッド街道との合流地点のルトゥバに着く頃には、太陽もすっかり上がっていた。

しばらく走ると、路肩にクライスラーのタクシーが燃え尽きて残骸だけ残って白い煙をあげていた。昨日の空爆でやられたらしい。道路にも空爆で穴があいていた。バグダッドまでは緊張しどうしだった。

昼過ぎ、晴天のバグダッドに着いた。いつもと同じ風景だったが、サドゥーン通りの商店街はほとんど閉まっていた。

とりあえず、パレスチナホテルに行き、「人間の盾」の登録をした。宿はパレスチナホテルの隣りのシェラトンホテルへ行けと言われ、チェックインした。そして「人間の盾」として発電所や浄水所、精油所などに行くことになっていたが、係官の目がそれたスキに別のホテルに移ることにした。「人間の盾」に行ったら身動きが取れず、取材できないと思ったからだ。

日本人ジャーナリストがたくさん泊まっていたフラワーズランドホテルに移動した。ここは、この一月まで泊まっていたホテルだし、インターネットが使えたので、日本と通信するのに便利なところだった。

みな情報省の役人や秘密警察を警戒してピリピリしていたが、このホテルだけはのんびりしていた。バグダッド到着の夜から激しい空爆が始まった。外側の部屋は爆風で窓ガラスが吹き飛ばされると危険なので、内側の部屋に寝た。

私はバグダッド到着まで緊張してほとんど眠っていなかったので、疲れてベッドに潜り込んだ。しかし、激しくなる空爆で起こされてしまう。サダム宮殿に何発も落ちたらしい。ホテルから直線距離にして二キロもない。さらに大型爆弾も投下される。そのたびに下から持ち上げられるような激しい揺れと同時に、衝撃波が部屋を揺する。そのうち慣れてきて、疲れた体は深い眠りに落ちていった。

三月二三日、サダム宮殿への空爆を撮影するためシェラトンホテルに移動することにした。ホテルに着くと、「キルクークの精油所に行けという命令が出た」と、「人間の盾」で日本から一緒に来た白井君が小さい声で言った。

キルクークはバグダッドから北に二〇〇キロ。いまキルクークに行っていたら、バグダッド陥落の「歴史的瞬間」に立ち会えない。何とかここは〝逃げなければ〟と、イラク人担当者の目を盗んで、タクシーを拾ってホテルを抜け出してしまった。

しかし、戦時体制に入っていたホテルは外国人を泊めてくれるところはなかった。タクシードライバーがここならと、連れて行ってくれたところが、アルダールホテルだった。そこはイラクピースチーム（アメリカの戦争犯罪を調査しているアメリカ人を中心にしたNGO）の宿泊ホテルだった。彼らも「人間の盾」としてサイトに行っている人もいたが、多くが病院や空爆被害の現場を回って、被害の調査をしていた。彼らは私の英語版写真パンフレット「Children of the Gulf War」を知っていて歓迎してくれた。

当初、開戦から一週間ぐらいでバグダッドは陥落するだろうとだれもが予想していた。実際イラク軍の装備を見ていれば、世界最強で最新のハイテク技術を駆使したアメリカに簡単にやれてしまうだろう、と誰もが思う。

開戦当初快進撃を続けていた米軍は四日目頃から動かなくなってしまった。

私はホテルの部屋に閉じこもって身動きが取れずにいた。しかし、ジャーナリストの性分なのか、じっとしていられなくなりイラクピースチームに頼んで同行させてもらうことにした。

東京の大使館でビザを出してもらう時、「バグダッドに入ってしまえば、モリズミはたくさんの友人がいるから助けてもらえる」と領事が言っていたのに、戦時下になってしまったバグダッドでは、以前にサポートしてくれていた人たちが外国人である私と接触することを恐れ、助けてくれなくなっていた。

外国人が一人で市内を歩き回ることすら不審に思われ、警察に逮捕されてしまう。ましてや「逃亡の身」では、四六時中緊張を強いられた。そのため、どうしてもイラクピースチームにお願いして、イラク外務省から身分保障を取り付ける必要があった。ようやく身分が保障され、取材が出来るようになったのは、イラク入国五日目だった。

米軍の空爆はサダム宮殿だけではなく、一般の住宅地やバザールまで空爆されていた。病院に行ってみるとそこには子どもや婦人や年寄りが、たくさんけがをして運び込まれていた。

アル・キンディー病院で出会った八歳のアリ君は頭に包帯を巻き、大きな目を見開き私をじっと見つめていた。お父さんは亡くなってしまったが、彼には知らされていなかった。自分の身に何が起こったのかさえ理解できないほど、混乱していたのかも知れない。爆弾は一般市民の上にも降り注いでいた。

次々に運び込まれるけが人で、どこの病院も野戦病院状態になっていた。医師たちは文字通り不眠不休で奮戦していた。

戦争犯罪調査のため、けが人と付き添いの家族に聞き取りをしていた、サンフランシスコからきたマルチン・エドワードさんが涙を流しながら、「申し訳ない、私たちの政府が皆さんをこんなに苦しめて。アメリカ国民を代表して謝罪します」と言って目頭を押さえた。付き添いの家族がそっと、マルチンさんの手を握りしめて優しく抱擁していた。イラクの人は何て優しいのだろうか。見ている私もぐっときてしまった。聞き取り調査に来たアメリカ人に対して、食ってかかるようなイラク人はいなかった。

三月二三日昼頃、バグダッド北部のアル・シャーブ市場にミサイルが落ちた。当初イラク軍のミサイルではないかと言われていたが、ミサイルの部品を分析した結果アメリカのミサイルであることが確認された。

私たちが現場に行ったのは事件が起こった三日後だった。買い物をしていた一般市民の上に落ちたのだ。二〇人とも四〇人とも言われる市民が犠牲になった。

この時、サーベメーター（放射線測定器）を持って行ったのだが、ミサイルが落ちた窪地で放射線を計ろうとしてポケットからサーベメーターを取り出そうとしたら見あたらない。しまったと思ったが、後の祭りだった。現場に到着してタクシーを降りようとした時に民衆に取り囲まれてしまった、その時にすられてしまったらしい。以来、劣化ウラン弾の現場を探すことが出来なくなってしまった。

二八日朝、ホテルの近くの電話局に二発のトマホークが落ちた。まだ、ベッドの中にいて激し衝撃波と爆発音がした。時計を見ると七時を指していた。すぐ近くだと思ったが、その時はどこに落ちたのか分からなかった。

その朝もイラクピースチームと一緒にホテルを出て彼らの本部に向かっていた。ところがリーダー格のクリスが突然向きを変え、イラク人のガイドもなしに、トマホークの落ちたところを探し始めてしまった。交通整理をしていた警察官に尋ねると、電話局がやられたことがわかった。ホテルから直線距離にして、二〇〇メートルもない至近距離に落ちていた。そして、電話局の前のレストランの被害調査を始めてしまった。

アメリカ人が数人うろうろしているものだから不審に思わない方がおかしい。通りかかったパトカーに見つかり、近くの警察署に五時間も拘束されていた。イラクピースチームの面倒をみていた外務省のゼイさんが来て釈放されたが、「明朝八時に荷物をまとめて出国せよ」と厳しい声で即刻、強制退去処分を言い渡された。そして持っていた全てのカメラを没収されてしまった。撮影済みのフィルムはホテルにおいていたので無事だったが、カメラを取られてしまっては手も足も出ない。

翌朝、強制退去組も含めて、出国したのは一〇人だった。私たちは三台のタクシーでコンボイを組みバグダッド街道をアンマンに向け出発した。私と白井君が乗ったタクシーは二台目の真ん中の位置をとった。米軍の航空機からの爆撃を避けるため、車の天井には空から見えるように白いテープで十字を描き、爆撃されないように目印を付けた。しかし米軍は関係なく空爆した。真ん中の位置が吉と出るか凶と出るかは全く分からない。とにかく一秒でも早くイラクを出るしか安全を保証されない。

アンマン手前三〇〇キロほどのところで橋が空爆され、片側車線がぽっかり穴をあけていた。ちょうどそこを通りかかったバスが銃撃を受け破壊されていた。死傷者が出たのであろう座席は、ところどころ血糊が残っていた。

バスの車内を撮影中にトマホークの飛んでくる音がして、白井君が恐怖のあまり叫んだ。次の瞬間近くのルトゥバの町から白煙が上がり爆発音が響いてきた。

撮影が終り、車に戻ると後ろから来るはずの三台目の車が来ない。百数十キロの猛スピードで走っている車はちょっとした事でバランスを失い、クラッシュする。引き返してみると、案の定、緩い下り坂になった所で、大破していた。道路上には小さな銃撃の穴や砲弾の金属片がたくさん転がっていた。

車内には本や書類が散乱していたが、乗っていたクリスたちはいなかった。けが人は通りかかったイラク人たちが近くの町の病院まで運んだと言っていた。

ハイウェーから東に数キロのルトゥバの病院に行くと、今朝、空爆があって産科病棟が爆撃され、看護婦と赤ちゃんが亡くなったと言っていた。アメリカ人のクリスたちはベッドに横になり医師たちが手当てしていてくれた。「ここはまた米軍が爆撃してくるから危険だ。早く国境まで行った方がいい」とアドバイスしてくれた。

敵国のけが人を手厚く手当してしてくれ、しかも早く脱出しなさいとアドバイスまでするイラクの医師たち。数時間前に病院が爆撃され、入院中の赤ちゃんと同僚が殺されたというのに、何と理性的な人々なのだろう。イラク人の優しさに心を打たれた。

Ⅱ　占領の日々

サドゥンーストリート（2003年４月　バグダッド）

米軍ミサイルが落ちて、多くの犠牲者が出た
(2003年３月25日　バグダッド　アル・シャーブ市場)

住宅地に地下貫通力の大きな新型爆弾バンカーバスターが落ちた。（2003年 3 月26日 バグダッド）

チグリス川を挟んで戦闘が始まった。
バグダッド（2003年４月）

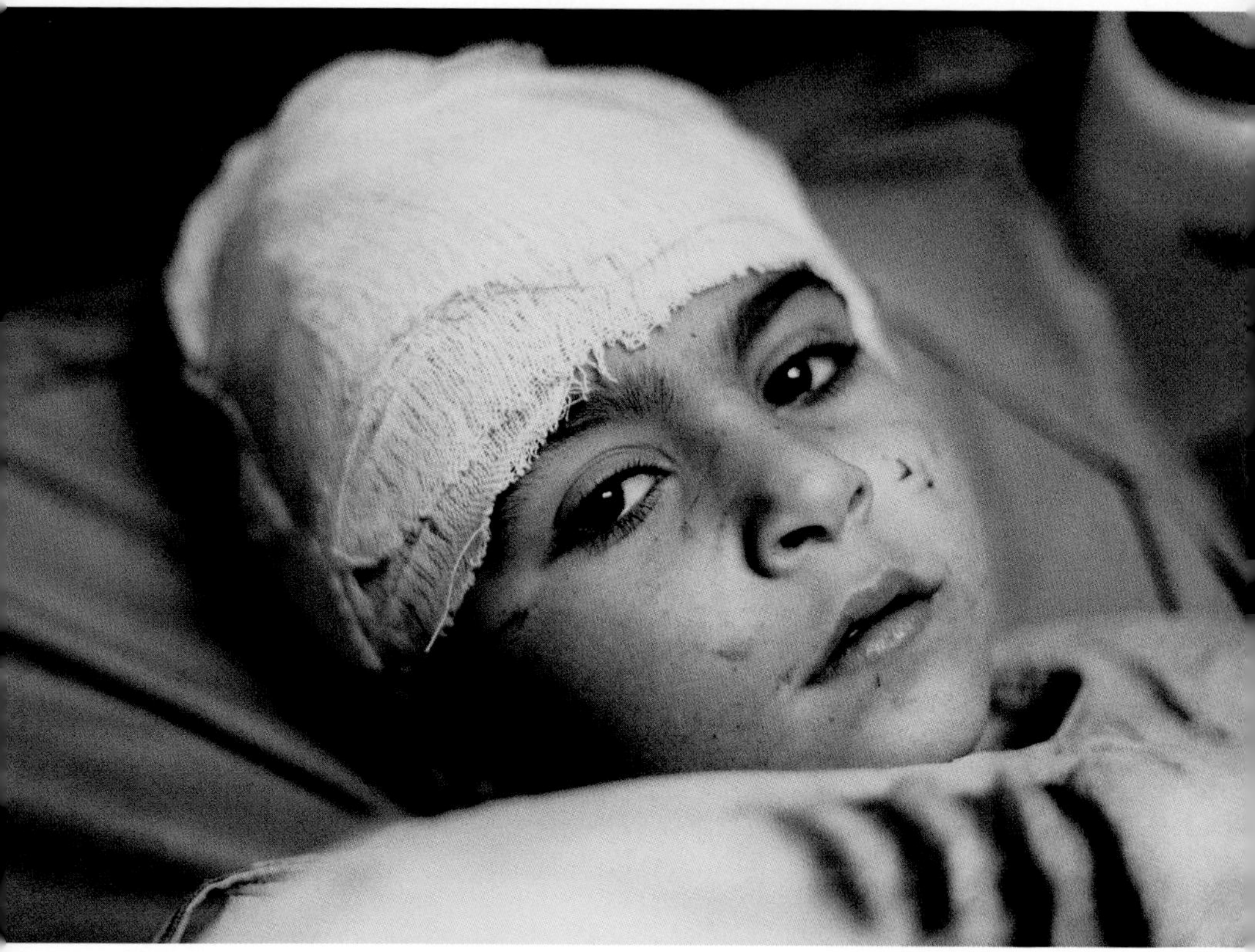

アリ・アッタ（８歳）は父親を亡くした
（2003年３月26日　バグダッド　アル・ヤルムーク病院）

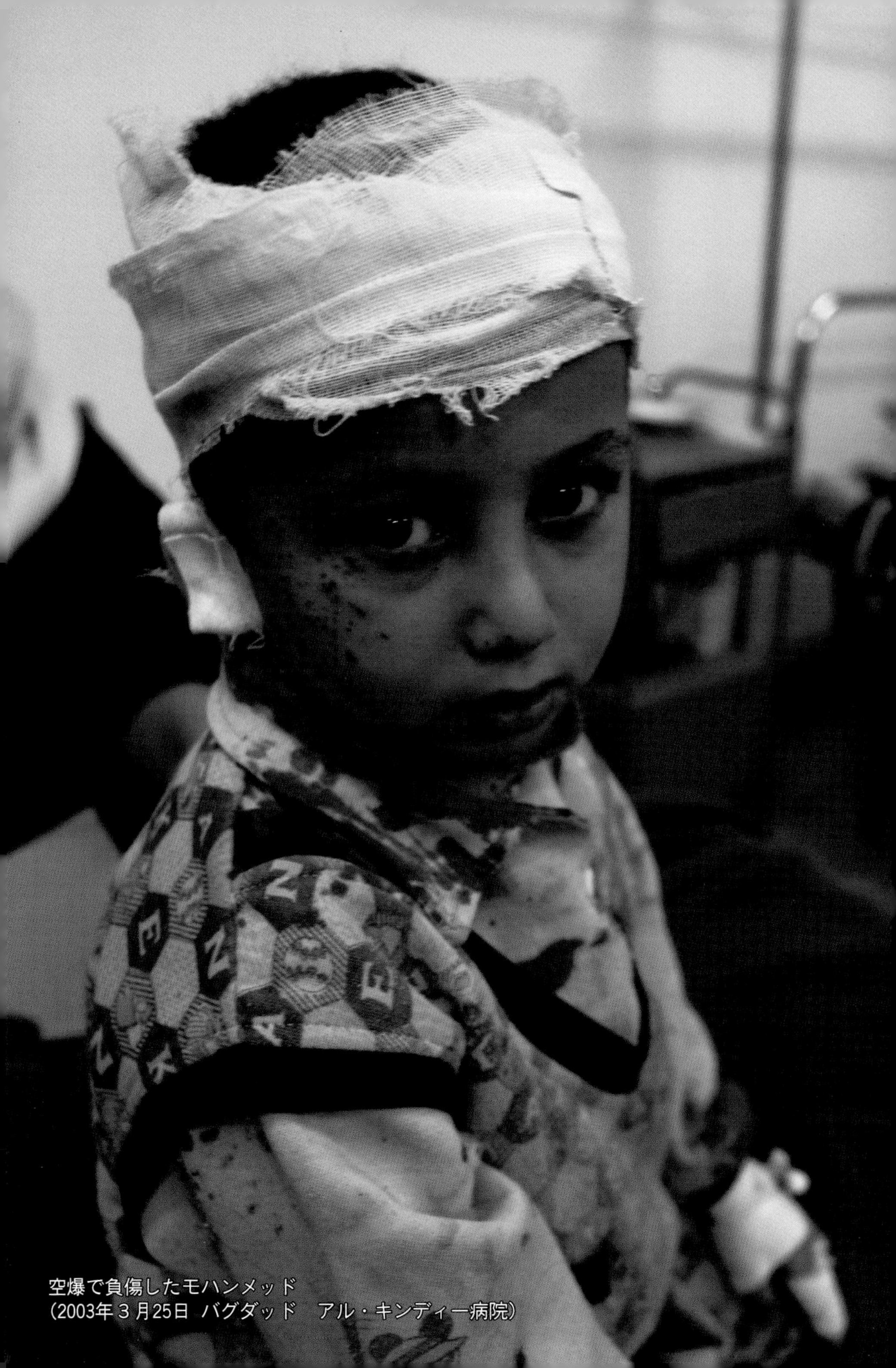

空爆で負傷したモハンメッド
(2003年３月25日 バグダッド　アル・キンディー病院)

放置されていた死体を、市民が埋葬していた
（2004年４月 バグダッド　ニューバグダッド）

空爆で破壊されたアダミーヤ地区の電話局。
(2004年４月　バグダッド)

バグダッド陥落後、首都に通じる道路は全て封鎖され、検問が行われていた（2003年４月 バグダッド）

バグダッド陥落後、避難していた市民が疎開先から戻ってきた。（2003年４月　バグダッド南部）

米軍に銃撃され、５人の子どもを失った
（2003年11月　バグダッド　アダミーヤ地区の墓地）

イラク南部に通じる幹線道路に架かる橋が爆破され一車
線だけしか通れなかった。（2003年11月　バグダッド近郊）

戦争中、閉鎖されていた学校の様子を見に
来たジーナ（11歳）とクラスメイト
（2003年４月　バスラ　アル・キファ小学校）

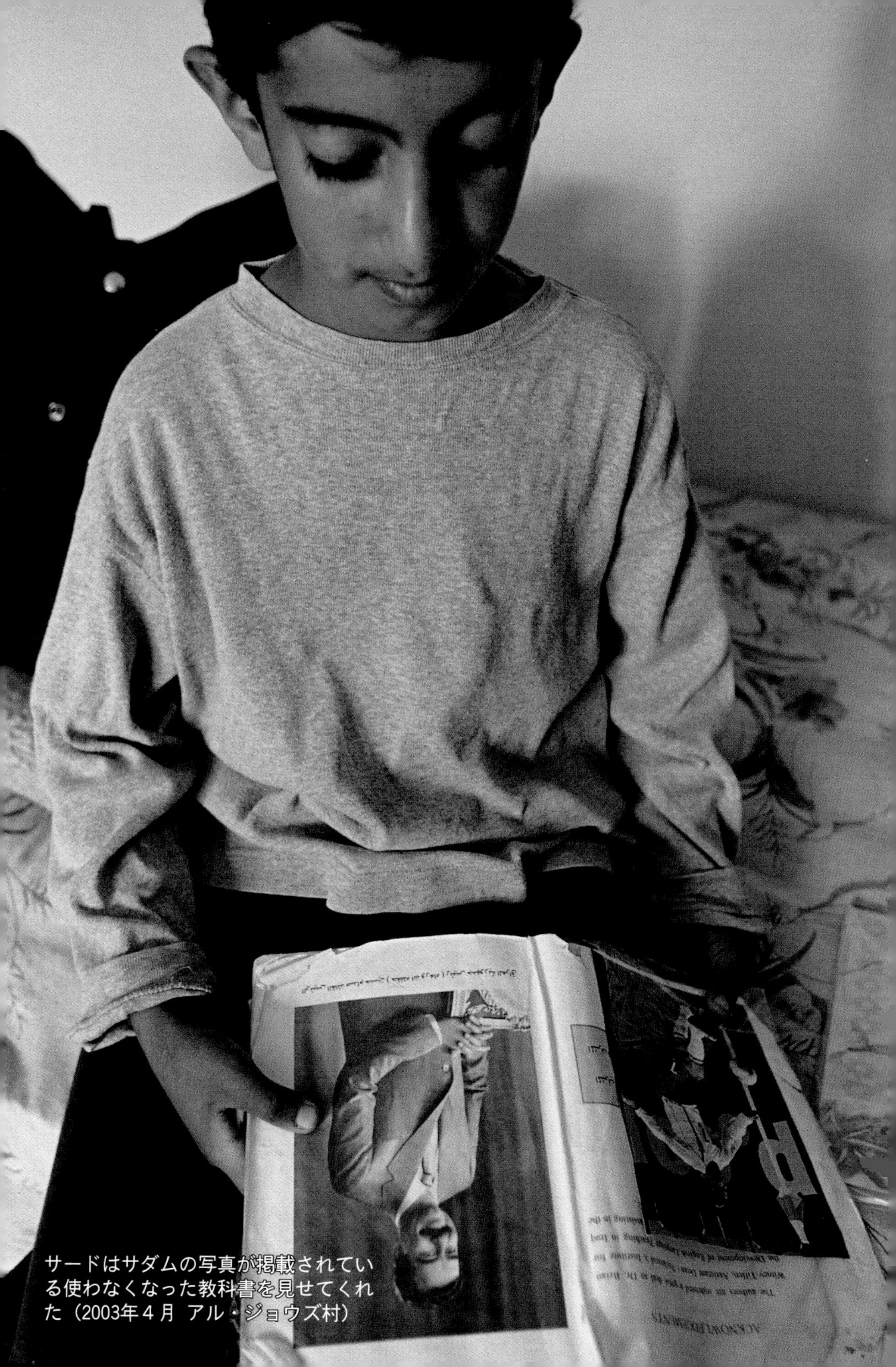

サードはサダムの写真が掲載されている使わなくなった教科書を見せてくれた（2003年４月　アル・ジョウズ村）

地上から発射されたクラスター爆弾の親爆弾。
不発弾が今も爆発して被害が出ている
（2003年11月　バグダッド南部　グルジア村）

米軍が放置したクラスター爆弾の不発弾
（2003年６月 バグダッド　ニューバグダッド）

米軍との戦闘で銃撃された民家
（2004年７月　ファルージャ）

サマワ（2003年11月）

サドルシティーのイラク警察署を占拠した米軍（2004年４月 バグダッド　サドルシティー）

婦人の集会に介入して集会を禁止した米軍（2004年３月１日 バグダッド）

米軍に抗議する婦人（2003年４月　バグダッド）

米軍に拘束されたイラク人男性
（2003年６月　バグダッド　アブノワス通り）

シーア派の武装勢力（2004年７月　バグダッド）

ナジャフ（2004年７月）

Ⅱ　占領の日々

◆再びイラクへ

イラク警察に捕まり国外強制退去で一時、日本に帰国。再び日本を出発したのは二〇〇三年四月八日。関西国際空港からドバイ経由で隣国・ヨルダンのアンマンに入り、アンマンからバグダッドに行くことにした。もう、悩みのビザは必要なくなっていた。空港で見たテレビではバグダッド中心部に米軍が攻め込んでいた。首都陥落の瞬間には間に合わないと覚悟した。二四年間続いた独裁政治の終焉とアメリカを迎えるイラク市民はどんな気持ちなのだろうかと思いつつ、しかし、その瞬間に立ち会えなかった無念はいまだに忘れられない。

四月一一日朝、十数台のタクシーがコンボイを組んでアンマンからバグダッドをめざした。国境は米兵がパスポートをチェックするだけで、素通り状態だった。テロリストや犯罪者の隠れ場所に最適な国になってしまうと思った。

夕方、バグダッド近郊に到着。首都に入る道路はあちこちで米軍によって封鎖され、迂回を繰り返した。ようやく中心部に向かうチグリス川の橋を渡ったのは午後九時を過ぎていた。街はちらほら明かりがついているくらいで、戦前のにぎわいは全くない。男たちが白旗を棒切れに縛って振っている。道路には段ボールが散乱し、略奪の後をうかがわせる。政府関係の建物から火の手が上がっている。薄暗い町全体がほこりっぽく、煙の臭いが立ちこめて、興奮していた。

まず、パレスチナホテルに行ったが、米軍やジャーナリストが宿泊しており満杯で追い出されてしまった。ホテル前には米軍のA1戦車が止まっていた。兵士たちはのんびりしていた。

ホテル捜しはタクシードライバーに任せた。彼らには同僚から情報が集まっていて、どこが空いているかよく知っていた。私がチェックインしたホテルはラシッド空軍基地のあった近くのハムラビパレスホテル。戦前は聞いたこともなかったホテルだ。一泊五〇ドルで、ここもぼっている感じだ。

チェックインして部屋に入ると午後一〇時を回っていた。部屋に落ち着くと、急に空腹を感じた。朝食のあと何も食べていなかった。持参したインスタントラーメンを作って食べた。腹がふくれると眠気が襲ってきて、そのままベッドに倒れ込んでしまった。

バグダッドの街は大人から子どもまで巻き込んで、どこもかしこも略奪されていた。政府関係の建物はもちろん、博物館、病院、学校、救急車、二階建てバス、ガソリンスタンドのポンプ、避難先からまだ帰ってきていない留守の家など、あらゆるところが略奪にあっていた。この無政府状態に占領軍のアメリカは何も有効な手を打とうとしなかった。国が崩壊し警察もなくなって大混乱に落ちいっていた。

サダムが倒れて人々は、以前よりおしゃべりになったような気がした。生活は相変わらず厳しいが、子どもたちの顔にも明るさがあった。

白血病のサファア

戦争前、世界中を駆けめぐった反戦の波。その波の中に白血病の少女・サファアの写真を掲げた人々がたくさんいた。「ニューヨークタイムズ」や「ワシントンポスト」に掲載されたイラク戦争反対の意見広告にも彼女の写真が大きく掲載された。戦争中から「サファアは大丈夫？」と心配するファンの声が、メールでたくさん寄せられていた。しかし、当時彼女の消息を調べる余裕も手段もなかった。彼女は激しい空爆の中を無事に生き延びているのかとても心配になり、昔の記憶を頼りに彼女の家を探した。ようやく見覚えのある住宅街にたどり着き、近くの人に写真を見せながら消息を尋ねると、「彼女の家は引っ越した、どこに行ったか分からない」とのことだった。

気落ちして、ワリードにそのことを話すと、以前の電話番号を頼りに引っ越し先を調べてくれた。幸いにも同じエリアだったので電話番号も変わっておらず、連絡が取れたのだ。六月初め、彼女の家を訪ねた。

引っ越した家は以前の家から五〇〇メートルも離れていなかった。事前に連絡が行っていたので、お父さんのマジェド・アリさんが家の外で待っていてくれた。到着するとサファアも玄関から出てきた。三年半ぶりに再会したサファアは一三歳になって、顔つきも体つ

サファアは戦火の中でも家族とともに元気でいた（2003年６月20日　バグダッドの自宅で）

きも大人っぽくなっていた。

戦争中、近くにたくさんの爆弾が落ちたが、避難せずニューバグダッドの自宅いた。一九九八年一二月以来、消息が分からなかったのでとても心配していたが、無事で何よりだった。

彼女の白血病は三年前に再発し、あの写真を撮ったあと、肩まで伸びていた髪が、治療のため再び脱毛し、ようやく回復してきたところだった。いまは一カ月に一度通院し、診察を受けている。再発後、医師の助言で自宅療養中だった。早く元気になって学校に行きたいと言っている。

彼女の夢は医者になること。治療中たくさんの痛い注射を打たれたので、「今度は自分で患者にたくさんの痛い注射を打ってやる」と冗談を言うほど、うち解けてきた。

サファアの写真を初めて撮ったのは一九九八年四月、マンスール小児病院の玄関でだった。彼女は私が初めてイラクで出会った白血病の子どもだった。すてきな笑顔だったのでシャッターを押した。その時に撮影した写真が世界中を駆け巡るとは、夢にも思っていなかった。その後サファアとは、お父さんの仕事の事情で会うことが出来なくなってしまった。

お父さんのマジェド・アリさんはサダム政権時代、内務省に勤めていた。仕事上、外国人と会うことはスパイ容疑にかけられたりするので、家に来ないでくれと言われ、一九九八年一二月以降、音信不通になっていた。そんな訳で戦後も、サファーの消息がつかめなかったのだ。

お父さんは当時の内務省ではビル管理のエンジニアだったので、政権が崩壊しても前政権の責任を追及される地位ではなかった。そのため今は、自由に外国人とも会えるようになった。

学校の教師をしているお母さんのイマム・ハミドさんはサファアの家庭教師をしている。姉のマロア・マジェさんと妹のハディヤ・マジェさんの五人家族だ。サファアは二〇〇三年の一一月には学校に通えるようになっていた。早く白血病が完治してくれることを祈るばかりだ。病気が回復に向かっているので、家の中が明るい空気に包まれていた

サードの家族と再会

戦前から取材をしている白血病のサード君の家に行ってみることにした。彼の家はサダムシティーにある。この町はいつの間にかサドルシティーと名前を変えていた。サドルシティーの軍事工場は空爆で激しく破壊されていた。建物がほとんど形を残していなかった。もちろん略奪もされていた。

サード君の家の周辺は以前と何も変わっていなかった。三日前に疎開先から帰ってきたばかりだといって、家族で片づけをしていた。長男のモハメッド君（二〇歳）もいた。一月に来た時には、モハメッド君は徴兵されて北部のモースルの部隊に行っていたので会えなかったが、戦争中はどうしていたかと聞いたら、「戦争直前に休暇で家に帰った。すぐに戦争が始まりモースルの部隊まで帰れなくなってしまったので、家族と一緒にいた」という。

家の入り口脇には大きな真新しいバッテリーが転がっていた。停電の時に電灯の電力として使っていた。これはどこから略奪してきたのかと聞いたら、通訳が訳

してくれなかった。
家族がみなそろって、幸せそうだった。お父さんのジュワードが見せたい物があると、バイオリンケースを持ってきた。開けると中からカラシニコフ銃が出てきた。何と長女のメイサンがポケットから空砲の薬きょうを取り出し、お父さんに数発渡した。弾倉に詰めると銃を構えた。「タカシが来たから歓迎の印だ」と、家族の前で数発空に向けて引き金を引いた。空砲の乾いた音が青い空にとどろいた。みな、うれしそうに笑っていた。

●衛星携帯電話によるレポート①

（日本時間二〇〇三・四・一七　午前〇：〇〇受）

バグダッド市内には、アメリカ軍が完全に制圧したところと、全く手をつけていないところがあり、手をつけていないところでは、略奪をする者と略奪を防ごうとする者との間で、銃撃戦が行われている。しかし、アメリカ軍は取り締まろうとしていない。特に夜になるといたるところで銃撃戦の音が聞こえる。

フェダーイン・サダムのメンバーたちが政府機関、病院などに押し入り、略奪し火をつけ、病院のスタッフなどとの間で銃撃戦を繰り返している。病院には銃撃戦の被害者たちが毎日たくさん運び込まれているが、病院そのものが略奪の被害にあっているため、機能していない。

市内のキリスト教系の病院はアメリカ軍によって守られているが、他のイラクの公立病院は全く警備が行われていない。また、赤十字の病院は守られているが、赤新月社系の病院はほったらかしである。医者も身の安全のため、出勤することを恐れている。

とにかく、イラクに今一番必要なのは薬よりも「安全」である。

ほとんどの政府機関が略奪を受けているが、石油省は無傷である。アメリカ軍が厳重に警備しているからだ。アメリカはここには空爆もせず略奪も行われない。今回の戦争の真の目的が何であるかを、この風景は象徴的に示しているように思われた。

明後日、バスラに向かう。

●衛星携帯電話によるレポート②
（日本時間二〇〇三・四・一八　午前〇：〇〇受）

バグダッドはそれでもだんだん落ち着きを取り戻してきているようだ。市場も開かれて野菜や果物が売られていた。フェダーイン・サダムのメンバーが後ろ手に縛られて米軍に連行されていくところを目撃した。亡くなった人たちの死体を埋めている現場にも出会った。あたりには腐臭がただよっていた。

今日はバグダッドの北東一五〇キロのベレットに行ってきた。三日前にイラク人と米軍が衝突し、米軍側に四〇人の犠牲が出たという所である。最近、米軍に対するイラク人の抵抗が激しくなっている。各地で米軍はイラク人の襲撃を受けている。昼間はにこやかに米軍と語らっている住民が、夜になると銃を持ちだし、米軍を狙っている。イラク市民の抵抗は占領軍が撤退するまで続くであろう。

◆クラスター爆弾

バグダッド南部の住宅地ドーラにクラスター爆弾の不発弾がたくさん落ちていた。住宅地の道路の脇にも住民が拾い集めて置いてあった。近くには子どもたちが遊んでいた。通りかかった米兵に「これは不発弾だろう」と訪ねると「ＹＥＳ」という。危険だから片づけてくれというと、オレの仕事ではないと、立ち去ってしまった。彼らは住民の安全のことなど考えていない。

住宅地を歩いていると、黒い布を壁に掲げている家があった。そこには最近亡くなった人の名前が書いてあった。この家では三人が亡くなっていた。

近所の人が「クラスター爆弾が落ちた」と教えてくれた。よく見ると周辺の民家の壁や路上に穴が開いている。

事件は四月四日夜一一時過ぎに起こった。タンクローリーの運転手カシムさん（四三歳）と弟のエサムさん（三七歳）、いとこのセラムさん（二五歳）は、自宅前の路上で米軍の空襲で燃え上がるバグダッドの町を見ていた。突然、大きな爆発音とともに、あたりが血だらけになった。カシムさんは胸を直撃され即死。弟のエサムさんとセラムさんは病院に運ばれたが、エサムさんは間もなく死亡。セラムさんは一カ月の重症ですんだ。自宅前の道路に止めておいたタンクローリーの上にもクラスター爆弾が落ち炎上した。周辺二〇〇メートルの地域に被害を及ぼし、近所の住民一七人が死亡した。カシムさんの家から一五〇メートルほど離れた幹線道路の脇に、大きな親爆弾の殻が落ちていた。

周辺に軍事施設など何もなく、平和な町が血の海と化した。カシムさんには四人の子どもがいる。奥さんのファテレマさん（四八歳）は「子どもが小さいのでお金もかかる。これからどうしたらよいのか。米軍にはたびたび保障をしてくれと直接訴えたり、手紙を送ったが、イラクの新政府が出来るまで待ってくれと言う返事しか来なかった。息子のムハンマッド（九歳）は米軍に仕返ししてやると言っている」と悔しそうに顔を歪めた。

ドーラの町外れのハイウェー脇には四個のクラスター爆弾の親爆弾が落ちていた。戦争中、病院で会った農民も、この町から運ばれてきたクラスター爆弾の被害者だった。

虐殺の村——クルジア

「バリ、バリ、バリ、バリ、ババババババーン」、アリ・フセイン・ムハンマッド君（六歳）は母親と一緒に畦道の用水路に倒れ込んだ。顔面に何か熱いものを感じた。しかし、何が起こったのかわからなかった。手をつないでいた母親も腰を撃たれて動けなくなっていた。彼の記憶では、ついさっき自宅から西に向かって叔父、叔母、母親、いとこなど、近所の親戚と一緒に、総勢二〇人が一列になって畦道を逃げていた。

暗闇の迫る用水路の中で次第にアリ君の意識も遠ざかっていった。気がつくとあたりは真っ暗になっていた。近くでうめき声が聞こえていた。ショックで何が起こったのかわからなかった。翌日までその場でじっと隠れていた。

「米軍ヘリコプターはヤシの木をかすめるように飛んできた。米兵には女、子ども、年寄りだとすぐにわかったはずだ。だが銃撃した。付近には米軍がいて、近づくことが出来ず、翌日明るくなるまで、助けに行けなかった。奴らは動くものは何でも撃ってきた」と、当時ヤシの林に隠れていたという住民は怒りをあらわにした。

事件が起きたのは二〇〇三年四月三日の日没直後だった。七人が殺され、アリ君と一緒に七人が負傷した。

同じ日、アリ君の家から三〇〇メートルほど離れた家にいたフォウジャ・フセインさん（四六歳）は、牛を連れ戻しに行こうとして庭先に出た。米軍の戦車が二〇〇メートル離れた国道からフォウジャさんに向けて発砲した。左腕と肩を撃たれ、腕に当たった弾は貫通してしまった。フォウジャさんは気を失いその場に倒れ込んでしまった。父親が翌日病院に運び込んでくれた。一二日間入院したが、「誰も補償してくれない。アメリカは私の敵です」とアメリカを憎んでいた。

アリ君の住むクルジア村は、バグダッドから南四〇キロのイラク南部とバグダッドを結ぶ幹線道路の脇にある小さな村だ。野菜や小麦畑が広がり酪農が盛んな静かな農村だ。

戦争中この村には、米軍のバグダッド侵攻を阻止するため、イラク軍が布陣していた。四月三日午後から、米軍との激しい戦闘が始まった。村の東側の幹線道路から集落に向かって激しい銃撃が加えられた。動くものは何でも撃たれた。牛が何頭も犠牲になった。住民は粗末な土煉瓦の家の中でじっと、戦闘が終わるのを待っていた。夕方ようやく、戦闘も収まり静かになった。危険を感じた住民たちは、近くの親戚の家まで避難することにした。女、子ども、年寄りばかり二〇人が一団となって避難することになった。悲劇はそれからまもなく起こったのだ。

翌日まで身動きできなかったアリ君を、昼過ぎ叔父さんが助けに来てくれた。一八時間もけがをしたまま放置されていたのだ。ぐったりしたアリ君を抱きかかえた叔父さんが米軍に助けを求めた。米軍によってイラク南部に次々移送され、村から五〇〇キロも離れたクウェートの米軍の病院に運ばれ手術を受けた。

しかし、北上を続けた米軍からは、その後何の連絡もなく、家族は米軍に連れ去られたと思っていた。アリ君の無事を知らされたのは一カ月後の五月になってからだった。バグダッドの国際赤十字からの連絡で、クウェートの病院に入院していることを知らされたのだ。

顔面の銃撃で鼻はそぎ取られ、股の皮膚を移植したという。結局左目は失明してしまった。イラク軍に対して米軍は、地上から発射する多連装ロケットでクラスター爆弾を大量に使った。いまだにクラスター爆弾の子爆弾が不発弾としてたくさん残っており、畑仕事中に爆発して犠牲者がでている。

不発弾が残っている畑に連れていってもらった。ヤシの林もクラスター爆弾が当たってところどころ葉がへし折れている。案内してくれたヤシッルさん（一九歳）は不発弾を拾って投げ、爆発し大けがをした。今も、破片が体に残っている。

畑の畦道の草むらの中に直径四、五センチの灰色の円筒形の金属製筒が見つかった。先端には白いプラスチック製のリボンがついている。

四月にバグダッドの住宅地で見た物より一回り小さい。一度見つかると次々と見つかる。畑の中には半分埋まってしまったり、リボンだけ地表にでているもの、完全に埋まってしまっているものもある。

米軍は戦争後、しばらくして、クラスター爆弾の調査にやってきた。しかし、不発弾の落ちている畑をビニールテープで囲い帰ってしまった。それだけだった。

仕方なく、住民たちは危険を承知で畑や住宅地に落ちているクラスター爆弾の子爆弾を拾い集めた。しかし、今も爆発による被害は続いている。たくさん落ちてる畑は耕作を放棄せざるを得ないと、嘆いていた。

ストリートチルドレン

今、バグダッドでは戦火の中で家族を失い、親から捨てられた子どもが、ストリートチルドレンになっている。その数の実体は正確にはわからないが、ヨーロッパのＮＧＯの推定では数千人いるのではないかと言われている。

二〇〇三年一二月初旬、彼らがねぐらにしている、パレスチナホテルの近くにある一〇階建て（?）アパートの半地下室に行った。同行してくれたのは彼らのケアをしている高遠菜穂子さん。じめじめした暗い部屋で、暖房も、寝具もなく電気もない。アパートの前の道路の真ん中に水道管が破裂して大きな口を開け、透明な水があふれ出ている。その水を飲んでいた。

バグダッドの冬は最低気温が四、五度になる。暖房がなければ過ごせない。そんな中で彼等は身を寄せ合いながらこの冬を乗り切ろうとしていた。最も辛いことはいつもひもじいことだ。

米軍の捨てた戦闘食の袋をあさり、近くのレストランやホテルからで出た残飯を食べ、飢えをしのいでいる彼らは、やせ細っていた。

家族や社会から捨てられた彼らの中には、愛に飢え、寂しさをこらえきれず、麻薬やシンナー、ボンドなどの薬物に手を出してしまうものもいる。食べ物に飢えているのに、薬物だけはどこからか手に入れてくる。大人たちが簡単に売ってしまうからだ。さらに、彼らがもっている麻薬の中に、米兵が戦闘前に使う興奮剤があった。どのようなルートで彼らの手に渡るのかはわからない。心も、体もぼろぼろの子どもたちだ。米軍占領下の彼らは、最もその犠牲になっているのだ。

戦争前にもたくさんのストリートチルドレンがいた。しかし、シンナーや麻薬に手を出している子どもを見かけたことはなかった。彼らは靴磨きやタバコなどの物売りをして必死に生きていた。悪いことをすれば周りの大人たちが、注意をした。シンナーなどを平気で子どもに売る大人はいなかった。

米軍の銃剣に怯え、金と暴力が支配し、力の強いものが生き残る今のイラクでは、彼らがまっとうな大人になれるチャンスが奪われている。今、彼らに必要なものは大人からの愛と、食糧と衣服、住宅、そして何よりも安心して住める町なのだ。

そんな彼らを体当たりで支援していたのが、高遠菜穂子さんである。彼女は戦後のイラクでストリートチルドレンの子どもたちの自立を助けるため、バグダッド市内にアパートを借り、彼らの世話をしていた。

二〇〇四年一月一四日にバグダッドの高遠さんから届いたメールが、私のパソコンに残されている。

《あの、欧米人の借りていたホテルですが、引越しました。ワジリヤにある、クルド人NGOの所有する大きな家に移ったらしいです。私は忙しくてシェルターしか行ってませんが、確かにホテルには誰もいないようです。写真の子は最近シェルターに来ていないので、もしかするとクルド人の家に一緒に引越したかもしれません。シンナーしてるから連れていってもらえなかった小さい子たちもいて、彼らはまたストリートに戻ってしまいました。

（森住・注）ストリートチルドレンを支援している欧米人のNGOが二〇〇三年末まで安ホテルを借りて子どもたちをケアしていた。シンナーや薬物から足を洗った、いわゆる良い子になった子どもたちだけ居心地の良いホテルに連れて行くため、残された子どもたちはいっそう孤独感に襲われていた。

私は一月四日からホテルの近くに部屋を借りています。古いアパートですが、子どもたちにシャワーを浴びさせたり食事をさせたりするためには十分すぎるくらい素晴らしい！　部屋です。日本人のみなさんもお気に入りです。マザーテレサの施設の隣りの隣りです。

昨日、ボランティアとジャーナリストと三人でシェルターに行って左腕にけがをしてる子の手当てをしてる間に一人の子が痙攣《けいれん》を起こしました。病院に行くのもこの子らには一苦労。救急車なんて呼べるはずない。痙攣がおさまってからしばらく横向きにして呼吸困難を回避し、立ち上がれるようになったので、私の部屋に連れていきました。夜九時ころ、私はホテルに戻り、ジャーナリストとボランティア（どちらも男性）が部屋に子どもと一緒に泊まってくれました。夕べは私のアパートの周りの住民もかなーり冷たい視線でしたが（あまりにも汚なかった）、今朝は住民から〝素晴らしいわ！〟とお褒めの言葉を頂戴いたしました。ふぅーって感じです。ゆっくり、一人ずつこうやっていきながら、大きい子たちには仕事、学問、音楽、アートなどさまざまな選択肢を少しずつ増やせていけたらと思います。冷たい視線が多い中、本気で協力してくれるイラク人もたくさん出てきました。仕事の斡旋をしてくれるという社長が、日用品や子どもの服を寄付してくれることになりました。

毎日、毎日、めまぐるしい展開です。とりあえず、WASH THE STREET CHILDRENプロジェクト、がんばります。　高遠　菜穂子》

高遠さんとの約束

そして二〇〇四年三月、私は再び彼らの取材をしていた。高遠さんから四月六日にバグダッドに来るというメールが来た。彼女の定宿アンダルースホテルで待っているると返事を書いた。私の滞在は四月八日まで。高遠さんと子どもたちの絡みも取材出来ると思って予定を組んだ。

四月六日、滞在予定のホテルに行ったが到着していなかった。砂嵐にでも巻き込まれて動けないのかも知れない、でも、明日は来るだろうと呑気に構えていた。しかし七日になっても何の連絡もなく、不安が募ってきた。翌日、私はイラクを出国しなければならなかった。

前日から日本国際ボランティアセンターの原さんと連絡を取り合いながら、八日八時にホテルをチェックアウトし、アンマンに向かうことにした。

当時、バグダッド西方一〇〇キロの町ファルージャでは米軍が町の入り口を封鎖し、大きな軍事作戦を行っていたため、バグダッドからアンマンに行くハイウェーを通過できない。そこでファルージャの北側を迂回し、ラマディの手前でハイウェーに入るコースを取った。

三月末からファルージャは地元武装勢力と米軍の激しい戦闘が伝えられていたが、その実情はほとんど伝えられていなかった。米軍が封鎖したため、水、食料、医薬品が不足し、米軍の無差別攻撃により、無実の市民が大量に殺されていた。当時イラク人たちには「ファルージャを救え」が合い言葉になっていた。

武装勢力各派はたびたび外国人を誘拐、拉致して世界に米軍の蛮行をアピールする戦術をとっていた。私もファルージャの取材をしたいと思っていたが、外国人ジャーナリストが入ることは危険すぎて、断念せざるを得なかった。

自衛隊がサマワに駐屯してからは、日本人への風あたりは強くなり、アメリカや他の占領国と変わらなくなっていた。自衛隊を派遣したことによってイラクでのNGOやジャーナリストの活動は危険度を増した。

そんな中で高遠菜穂子さん、今井紀明さん、郡山総一郎さんがファルージャ近郊のガソリンスタンドで地元武装勢力によって拉致されてしまったのだ。

私は、当時まだ拉致されたとは思っていなかった。ファルージの北側を迂回した時には検問をしていた武装勢力がいたので、自分のタクシーを止めさせ、降りていって写真を撮らせてくれと申し出たくらい、危機感はなかった。結局彼らは撮影を拒否したのだが…。

ラマディの手前のガソリンスタンドで給油中に、衛星携帯でＪＶＣの原さんに連絡し、アンダルースホテルに高遠さんが来ていないことを確認した。その時点で「高遠さんら日本人が行方不明」と、事件の報告を日本大使館に連絡してくれるように頼んだ。

ヨルダン国境まですれ違うイラクのタクシーの車内を一台一台確認した。もしかして高遠さんたちが乗っているかも知れないと思って。結局国境まですれ違うイラクタクシーには高遠さんらしき姿はなかった。

昼過ぎ国境に到着すると、日本から電話が入り、武装勢力に拘束され「自衛隊の三日以内の撤退。さもなければ三人を殺す」という声明が出されたと。頭をハンマーで殴られたようなめまいを感じた。ドライバーは「引き返そうか？」と言ったが、引き返す途中で私まで拘束されたら元も子もないと思い、引き裂かれる思いで帰国した。成田に帰る途中のアムステルダムで見た新聞には三人が座らされ首にナイフが当てられている写真が掲載されていた。無事を祈ることしかできなかった。そして一刻も早く帰国して救援の活動を始めなければと気だけが焦った。

帰国すると、三人とその家族へのバッシングが始まっていた。「自衛隊は撤退しない」と最初の記者会見で言った小泉首相の言葉は人の命など屁とも思わない冷酷さを感じた。三人を見殺しにするに等しい言葉だった。人命を優先に考えるなら、当時の状況としては最も言ってはならない言葉だった。国内世論を押し切って、自衛隊派兵を決め、その結果起きた事件であることは明らかであった。

国内世論は一気に「人質の無事救出」と「自衛隊撤退」に傾こうとしていた。その瞬間、内閣の危機に陥ったのである。その責任を取りたくない小泉首相とその側近たちは、「自己責任」論を振りまいて、三人に責任を転嫁して、政権の危機を回避したのである。日本のメディアは一斉に小泉政権擁護の片棒を担いだのである。

結局、政府に有効な打つ手はなく、高遠さんたちを救ったのは他でもない、本人がイラクで行ってきた活動を武装勢力側が認めてくれたからだ。この事件を通じて日本政府は国際的には大恥をかき、救出に力を尽くした日本とイラクの市民の絆が強くなった。

この事件は、「自己責任」を取れない政治家の「無責任さ」を露呈した。同時に無責任で自立できない日本人の心の最も弱い部分に、「自己責任」と言う言葉がしみ込んでいった。その結果多くの人が政府の作戦にまんまとのせられてしまい、正常な判断が出来なくなってしまったのだった。

サドルシティー

イスラム教シーア派の新聞の一つアル・ハウザが発行禁止になって一週間。連日、占領軍への抗議行動が続けられていたが、米軍との衝突でナジャフでは死者も出た。バグダッドのサドルシティーでは米軍が戦車やアパッチヘリを動員し、住民との衝突が続いていた。

二〇〇四年四月四日夜九時近くにサドルシティーに入ると、シーア派のムクタダ事務所を中心に米軍が銃撃したあとが残っていた。町全体の送電がストップされ、真っ暗だ。戦車に轢かれた車を撮っていると、闇の中から五両の米軍戦車が轟音をあげながら迫ってきた。住民は「アメリカンタンク」と叫びながら蜘蛛の子を散らすように逃げ出した。私も住民と一緒に民家に逃げ込んだ。

タクシーに残しておいたカメラバッグが心配なので、危険を承知で外に出た。戦車の砲身が反対側に向いたのを見計らって、闇に紛れて逃げたが、米軍は暗視ゴーグルをつけている。闇の中で見られていると思うと背筋が凍りついた。途中ドブの中に足を突っ込んだ途端、悪臭が鼻を突いた。しかし、そんなこと気にしていられなかった。五〇〇メートルほど走って後ろを振り向くと、銃撃の光跡が幾筋も見えた。遠くで戦車からの砲撃の音も聞こえてきた。死者、けが人の情報はわからなかった。タクシーは結局見つからず、車の中においてきたカメラは戻ってこなかった。

ファルージャ

二〇〇四年七月一八日、「イラクイスラム党ファルージャ支部」の協力を得て市内に入ることができた。同党は武装勢力と米軍の停戦のために大きな役割を果たし、武装勢力に一定の影響力を持っていた。しかし、一〇〇パーセント安全は保障できないとM氏が言った。

バグダッドを朝出発し九時前に市内に入った。市内に通じる大通りはたくさんの車が行き来し、マーケットはにぎわっていた。住宅地では破壊された民家が目につく。彼の案内でユーフラテス川に架かる鉄橋を渡った。この鉄橋は米国人四人（傭兵）が焼き殺され、橋脚に吊された。この事件を口実に米軍は報復攻撃を仕掛けてきたのだ。今は停戦後結成された「ファルージャ軍」と呼ばれている地元軍隊が警備していた。

橋を渡りきったところにあるファルージャ病院は市内最大の病院だが、現在全ての医薬品が欠乏していると、医師たちが言っていた。

三月末からの米軍の攻撃で八〇〇人、さらに停戦協定後の空爆などで五〇人の市民が殺され、負傷者は二〇〇〇人以上、破壊された住宅や商店は三〇〇〇件以上にのぼる、と病院の医師が言っていた。

右目を失明したアブダル君

スマイル・ファラ・フセインさん（四七歳）一家一一人は一階の一つの部屋で寝ていた。四月九日の夜、米軍のヘリから突然数発のミサイルが打ち込まれた。妊娠中の妻のファディーラさんのお腹に何かの破片が当たり、お腹にいた子どもは死亡した。そばに寝ていた五歳のアブダル君は飛んできた破片で右目を失明してしまった。他の子どもたちも破片で傷を負った。

当時、街が包囲されていたため救急車は街の外に出ることができず、バグダッドで手術させるため、皮肉にも米軍のヘリコプターで運んでもらうしか手はなかった。「アメリカのどこに自由があるのか、子どもたちは米軍を大変怖がっている。米軍を憎みます。彼らは許可もなく人の家に入ってくる。門をぶちこわし、昼でも夜でもおかまいなく。私たちがなぜ攻撃されなければならないのですか？　平和な市民です」とスマイルさんは怒りをぶつけた。

拘束される！

空爆で破壊された民家を取材中、突然に数人の反米武装勢力のムジャヒディンが来て、拘束されてしまった。連れて行かれたところは、住宅街の外れ、道路を挟んで、鉄道とハイウェーが並行して走る地点だった。そこは米軍との前線になっていた場所だった。塹壕が掘られ、近くの木陰で数人の男たちが休息をとったり、カラシニコフ銃の手入れをしていた。

彼らは水を勧めてくれたり、木陰に入って休んでいろと、丁重に扱ってくれた。三〇分後、目隠しをされて別の場所に車で連れて行かれた。車で数分走っただけだった。そこは大きな民家で空き家になった物を、このグループが使っているらしい。トイレに行かせてもらう時には目隠しをはずしてくれた。近くにハイウェーが走っているらしく、車の高速走行の音が聞こえた。ジュースや水を飲めと若いムジャヒディンが勧めてくれたが、彼らは英語を話せず、コミュニケーションが取れなかった。しかし、とても紳士的だった。

「イスラム党」から私についての連絡が入っていたため、二時間の拘束で釈放された。「昨夜の空爆で仲間が殺され、みな神経質になっている。外国人であればとりあえず拘束するのだ。疑って申しわけなかった。これから市内を我々がガードして案内しましょう」と、四〇代前半のグループの責任者が、米軍の空爆で破壊された民家やサッカー場の墓地などに連れていってくれた。米軍に包囲されていたため、死者を市外の墓に埋葬することができず、ここに埋葬したのだ。

サッカー場ではショベルカーが新しい墓を掘っていた。その脇にまだ名前も書かれていない一一個の新しい墓ができていた。案内してくれたムジャヒディンのリーダーが、これは今朝の空爆で殺された市民の墓だと言っていた。

四月六日の空爆で三一人の家族全員が亡くなった墓や、一つの墓に小さな子どもが三人一緒に埋葬されているものなど、六〇〇人以上が埋葬されていた。

三月末以降米軍のファルージャー包囲は「ファルージャのジェノサイド」と呼ばれ国際的非難を浴び、地元武装勢力の激しい抵抗に合い、米軍は市内から撤退せざるを得なかった。ムジャヒディンに、何故そんなに強いのかと聞いてみた。「イラク戦争の時には、我々には守る物がなかった。サダム大統領のイスだけを守らされた。今は、自分たちの町や家族を守るために闘っているから強いのだよ」と口々に言う。

私を拘束したグループは日本の消防団のようなものだった。解放されるとき、若い一人のムジャヒディンが、「日本は軍隊を送ってくる。我々が日本に期待しているのはテクノロジーや医療の支援なのだ」と悲しそうに言った。私は答えを持ち合わせなかった。

停戦後も米軍は空爆を続け、市民の犠牲を増やした
(2004年７月　ファルージャ)

アリ・フセインは米軍ヘリ
の銃撃で、片眼を失明した
（2003年11月　クルジア村）

アブダル・ファーキム（５歳）は家族と寝ている時に米軍のミサイルが落ち片眼を失明した（2004年７月　ファルージャ）

牛を牛舎に入れようと、庭に出たところで米軍に撃たれた。（２００３年11月　グルジア村）

バグダッド　サドルシティー（2004年７月）

米軍機からの銃撃で壁に痕が残った
（2004年７月 バグダッド　サドルシティー）

イラク人の身体検査をする自衛隊
（2003年11月）

パレスチナホテルにロケット弾が打ち込まれた。中央分離帯のコンクリートブロックに「US ARMY GO BUCK HOME」（原文ママ）と落書きが書かれていた。（2003年11月 バグダッド）

米軍の占領に反対するイスラム教シーア派の集会
（2003年11月 バグダッド　サドルシティー）

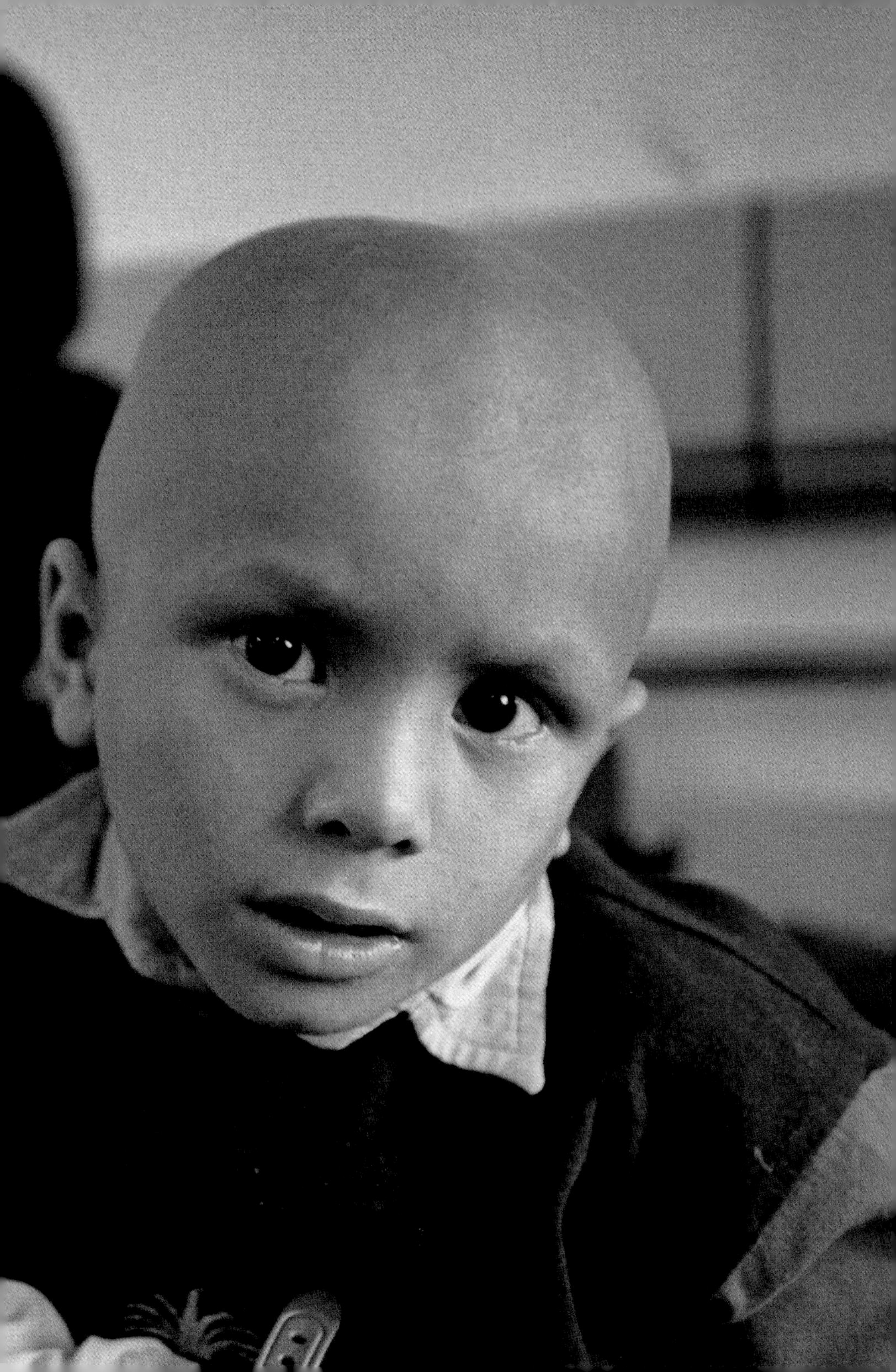

Ⅲ　核汚染

白血病の子ども（2003年11月バグダッド　セントラル小児教育病院）

اشعاع

核施設から運び出された核物質は住宅地に捨てられてしまい、激しい汚染が始まった
(2003年6月、ジッセル・アリ・ディアラ村)

天然ウランを攪拌したと思われる金属機械。内部に黄色い粉がこびりついていた（2003年６月 ジッセル・アリ・ディアラ村）

白内障にかかってしまった少年（2004年３月）

ツワイサ核施設の周辺には四千人の住民が住んでいる（2003年６月　アル　ワルディエ村）

目に腫瘍ができた少年。ツワイサ核施設周辺には以前から、多くの奇形の子どもがいると言われている（2003年６月　ジッセル・アリ・ディアラ村）

子どもたちが核施設に入り込み、遊んでいた。彼らも被曝してしまう危険性がある
(2003年11月 アル　ワルディィエ村)

イエローケーキが入っていたドラム缶
(2004年３月　ツワイサ核施設)

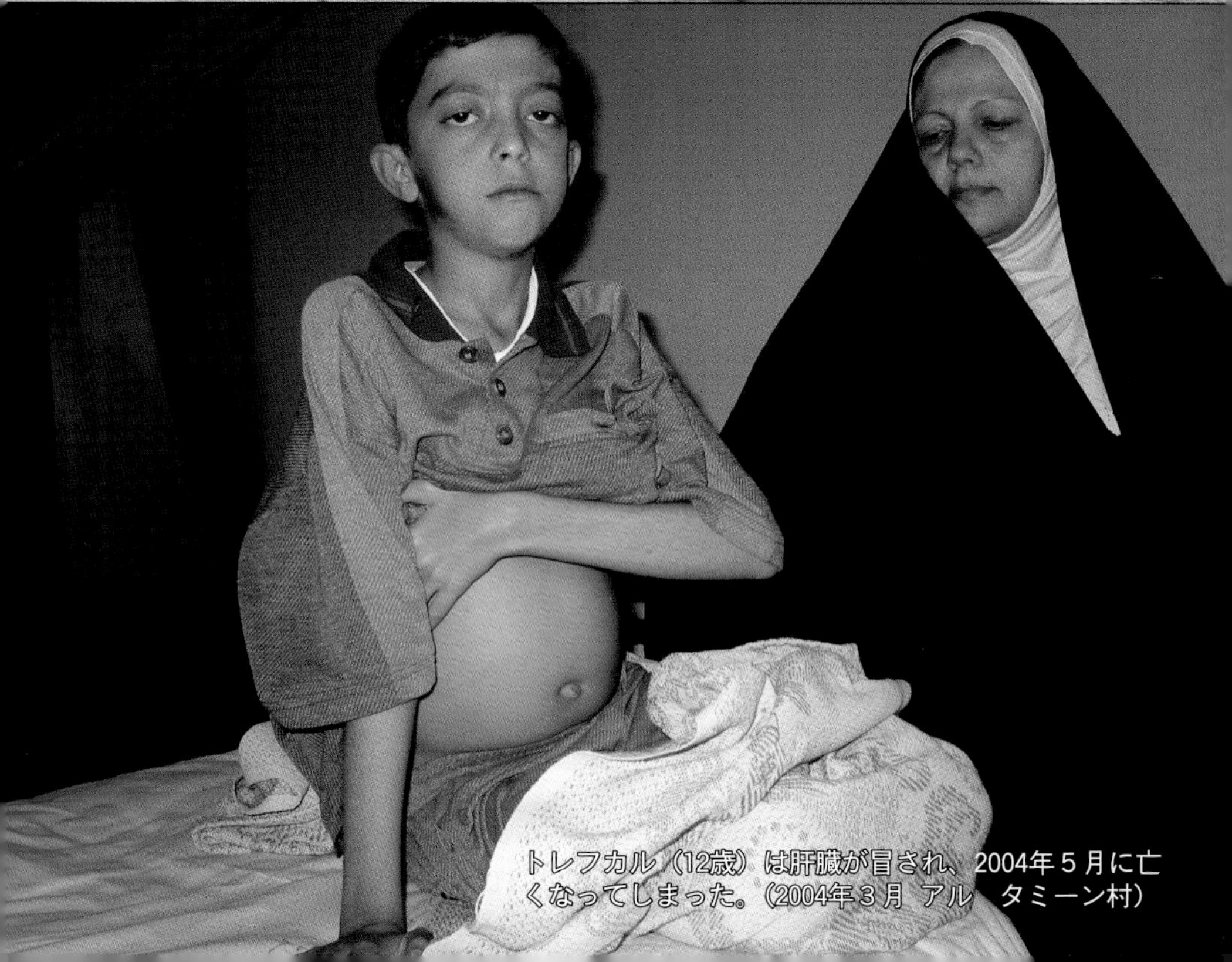

トレフカル（12歳）は肝臓が冒され、2004年５月に亡くなってしまった。（2004年３月　アル　タミーン村）

ドラム缶を洗った川（2003年６月　ディアラ川）

社会計画省に打ち込まれた劣化ウラン弾の薬莢（2003年６月 バグダッド）

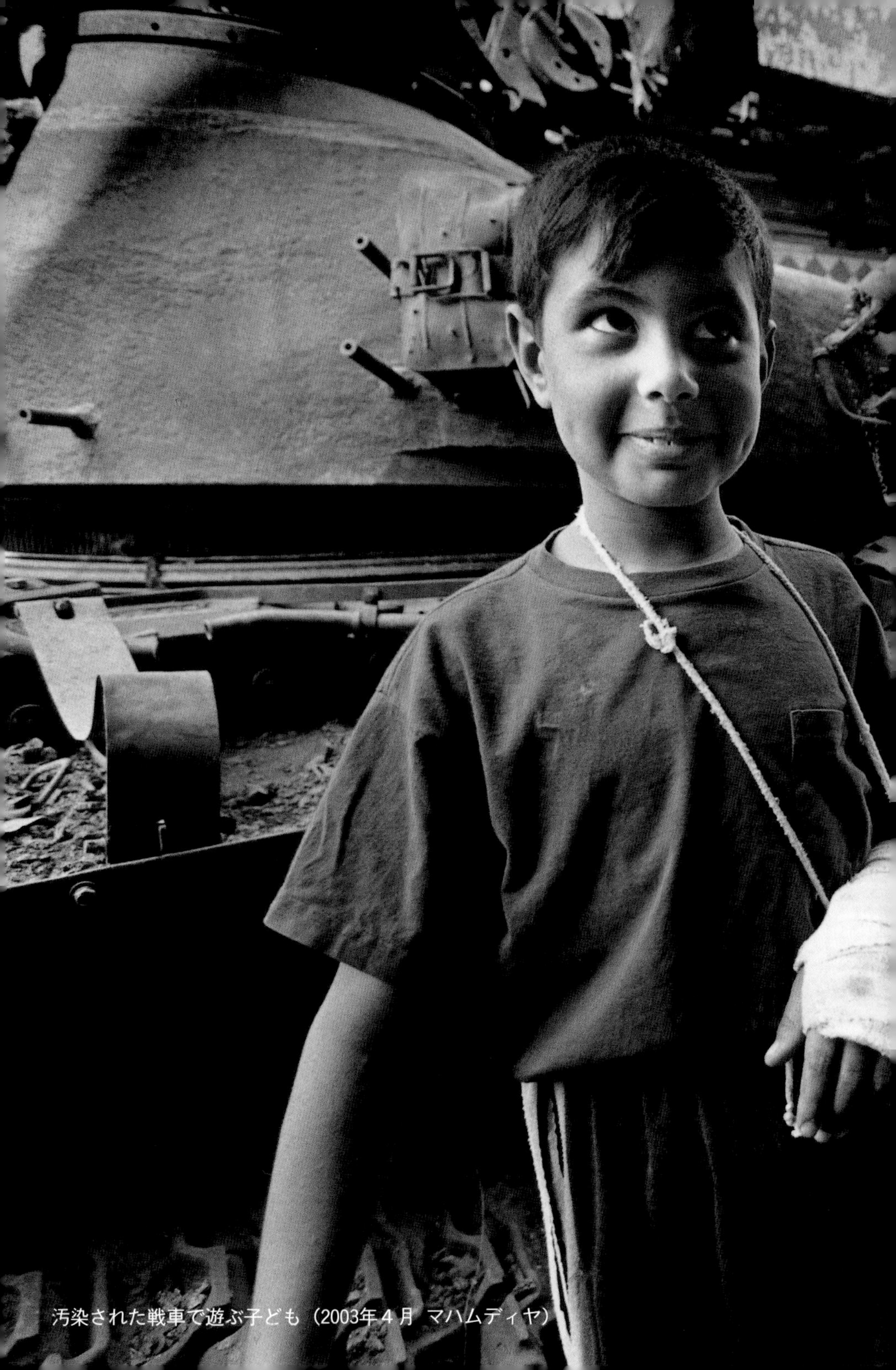

汚染された戦車で遊ぶ子ども（2003年４月　マハムディヤ）

劣化ウラン弾が砲身の付け根に当たり大きな穴が空いた
（2003年12月　バスラ郊外）

サマワでも劣化ウラン弾が使われた（2003年12月）

Ⅲ　核汚染

◆劣化ウランとは何か

　劣化ウランは核開発の始まったその時から生まれ続けている核廃棄物である。

　天然ウランは何種類かのウランの放射性同位元素からできている。その割り合いはウラン238が九九・三%、ウラン235がおよそ〇・七%だ。他にウラン234なども微量、含まれているが、ここでは話しをわかりやすくするため割愛する。ウラン238は核分裂しないので、天然ウランのまま原発や核兵器に使うわけではない。天然ウランを濃縮して、ウラン235に濃度を上げて使用する。

　たとえば日本の原発などでは四%前後に濃縮した物を使っている。核兵器に使うにはもっとずっと濃度を上げなければならない。天然ウランの濃縮過程で生み出されてきた絞りカスが劣化ウランだ。これ以外にも原発で使われた使用済み燃料も劣化ウランと呼ばれている。したがって劣化ウランは、核開発を進めれば進めるほど、生み出されて行く放射性廃棄物である。

　今、世界中で一二〇万トン以上の劣化ウランが保管されているという。劣化ウランはウラン235をほとんど含まないため、天然ウランの精製物より放射能は低い。ウラン235に比べて、通常の状態で体外から被曝する危険性が低いため、人体に影響はないと言われてきた。このことを根拠に、米軍は劣化ウラン弾の使用を合理化しようとしている。

　劣化ウランは比重が鉛の一・七倍もあり、これを利用して、航空機のバランサーとして使用されていた。劣化ウランに他の金属を少し加えると非常に堅い合金になる。堅く、比重が重いことに着目した兵器産業は、貫通能力の優れた砲弾ができると考えた。

　一九九一年の湾岸戦争で、初めて実戦で使用され、イラク軍戦車部隊を撃破した。その威力に、使用した米兵も驚いてしまう。劣化ウラン弾は口径三〇ミリから一二〇ミリの戦車砲、さらに大型貫通弾・バンカーバスターの先端にも取り付けられ、貫通能力を高めている。

　湾岸戦争では三〇〇トン以上が使用され、その後ボスニア、コソボで使用された。アフガニスタンでも使用されたと言われているが、私はアフガニスタンの取材でその証拠を見つけることは出来なかった。イラク戦争では湾岸戦争を上回る劣化ウラン弾が使用されたと言われている。

湾岸戦争でその威力を発揮した劣化ウラン弾は、一九九〇年代に兵器産業が各国軍に売り込み、現在多くの国が劣化ウラン弾を保有している。その主な国はアメリカ、イギリス、フランス、ドイツ、ロシア、中国などだ。日本の自衛隊は導入を検討したが、現在は保有していない。

高速で飛んできた劣化ウラン弾が戦車の装甲にぶつかると、簡単に穴があいてしまう。劣化ウラン弾によって破壊された戦車は、非常に特徴的な穴が開くのですぐ見分けられる。内部に進入する時の摩擦熱で劣化ウランが一気に燃焼する。燃焼しやすい物質なのだ。その燃焼温度は一〇〇〇度以上と言われている。

高温で燃焼した劣化ウランは酸化ウランの細かいチリ（数ミクロンといわれている）となり、空気中に浮遊し、周辺の兵士は呼吸器に取り込み被曝する。浮遊した微粒子は風で運ばれ、周辺の環境を汚染する。

劣化ウランは放射性物質であり、体内に入ると被曝をすると同時に、ウランは重金属の化学毒性を持っている。むしろこの化学毒性の方が放射性毒性より強いと言われている。すなわち、体内に取り込めば、放射毒性と化学毒性の両方の毒性によって蝕まれて行くことになる。

人口密集地に転がる劣化ウラン弾

二〇〇三年四月八日、私は開戦後再度イラクへ入国のため、羽田空港経由で関西国際空港に向かう途中だった。羽田空港でチェックインを済ませ、ある出版社の編集者と打ち合わせをしている時、バグダッドの中心部サダム宮殿に攻め込んできた米軍の映像をライブで流しているテレビニュースを見ていた。そして次の瞬間、低空で進入したA-10対地爆撃機がオレンジ色の煉瓦の建物を爆撃している映像に目を奪われた。銃弾が当たるといくつも白い煙がぱっと立ち上り、コンクリートの壁がはがれて飛び散る。

くぎづけになったわけは、A-10対地攻撃機は劣化ウラン弾を発射するからだ。恐ろしいことに、バグダッドのど真ん中で使われ、人口五四〇万人の首都が放射能汚染されてしまった。砲弾になる前の劣化ウランは放射性廃棄物として、厳重に管理されて保管されているのに、いったん「弾丸」という兵器になった時には、何の規制もなく環境にばらまかれてしまう。しかも、A-10はバグダッドに何度も現れ、爆撃を繰り返していたという。

マハムディヤの商店街

四月中旬、バグダッドからカルバラに通じる街道沿いの町マハムディヤは、激しい戦闘の痕がそのまま残されていた。町の中心部の交差点にはイラク軍戦車が破壊され、たくさん放置されていた。そんな中でも、市民はたくましく商売を始めていた。商店街では破壊されたイラク軍戦車のキャタピラの上に板を敷き、チャイを売っている男の人がいた。子どもたちは壊れた戦車の上に乗って遊んでいた。しかし、残念なことにその時にはサーベメーター（放射線測定器）を持っていなかった。

六月、サーベメーターを持って再度訪れた。前回訪れた時に、子どもたちが遊んでいた戦車の装甲には直径五センチほどの穴があき、サーベメーターを近づけると激しい警告音を発した。撮影をしていると大人たちが心配そうに集まって来た。すでに劣化ウラン弾は危険だということは知らされていたらしい。しかし、危険だと言われても、すぐに病気になるわけでなし、目にも見えず、五感で感じることが出来ない。そんな放射線のどこが危険なのか住民には理解できないのだ。

町外れの街道を行き来する車にジュースを売っていたフセインさん（五五歳）の売店のすぐ脇に、茶色く錆びて破壊されたイラク軍戦車が転がっていた。

この装甲にも劣化ウラン弾特有の穴があいていた。サーベメーターは一・〇〇マイクロシーベルト／時を示し、私が見つけた劣化ウラン弾で破壊された戦車の中で、最も高い汚染値を示していた。

フセインさんの家はこの戦車から数十メートルの所にある。住宅地からこの戦車の下を水道管が走っており、爆発した戦車は地下の水道管を破壊してしまったという。フセインさんら住民は破壊された戦車の下に潜って水道管を直した。家族はその水を使っているという。フセインさんに劣化ウラン弾のことを話すと、「子どもたちへの影響が心配だ、米軍は早くこんな危険なモノを片づけて欲しい」と言っていた。

バグダッド

バグダッドの中心部、チグリス川の西岸のほとりにある元イラク計画省の建物に劣化ウラン弾が落ちているというので行ってみた。四月八日に羽田空港のテレビで見た映像を思い出した。社会計画省を空爆した時にあがった白煙が脳裏を横切る。計画省はグリーンゾーンといって米軍管理下にあり、サダム宮殿から続いた政府機関の敷地内だ。今、米軍が警備をしていて、一般市民が入ることは出来ない。しかし、警備していた米兵にプレスカードを見せると簡単に中に入れてくれた。

いくつものビルがすさまじく破壊されている。私がめざすのは社会計画省。はたして、たくさんの劣化ウラン弾の薬きょうを見つけた。戦争前にイラク南部クウェートとの国境地帯で見た薬きょうと同じモノが路上に落ちていた。三〇ミリ砲の薬きょうだ。A－10対地攻撃機から発射されたものだ。

歩道にあいた穴をサーベメーターで測ると自然界の一〇倍から二〇倍の高い値を示していた。近くを警備していた米兵に、ここが劣化ウラン弾で汚染されていることを知っているかと聞いてみたが、彼は全く知らなかった。そんな危険な所なら、早く逃げ出したいと言っていた。

二〇〇三年五月、私の手元に届いたメーリングリストに、「アメリカ特殊作戦コマンドの大佐が、イラク戦争での劣化ウラン弾使用量について五〇〇トン以上であることを認めた」という内容の記事があった。

この大佐は都市部への劣化ウラン弾攻撃で「何の考慮もしなかった」「劣化ウラン弾は非常に有効な武器で、後で住民に被害が出ようとそんなことは関係なく使いまくった」と証言している。三月二六日に行った米中央軍ブルックス准将の記者会見では記者の質問に答えて、「住民には被害を与えない」「量はほんの少し」というコメントとはずいぶん違っている。

湾岸戦争ではイラク、クウェート国境の砂漠地帯で三〇〇トン以上の劣化ウラン弾が使われた。しかし、今度の戦争ではバグダッドなど人口密集地や都市部に集中している。今後イラクの人々はどうなってしまうのか。湾岸戦争以後、劣化ウラン弾被害の取材を続けてきた私は、背筋が凍りつく思いがした。

◆サマワ

バグダッドで確認した劣化ウラン弾使用の事実、他の都市ではどうだったのか？　フセイン政権崩壊後の数回のイラク取材では、絶えず劣化ウラン弾のことを念頭に置きながら取材をしていた。特に二〇〇三年、イラク特措法が成立しサマワに自衛隊が派遣されることが決まってからは、サマワで劣化ウラン弾使用の事実を見つけることは重要なことだと思った。

ユーフラテス川を挟んで南からバグダッドをめざす米軍と、それを阻止しようとするイラク軍の間で激戦が続いたと、米軍に同行したアメリカ人の記者が言っていた。激戦地であれば劣化ウラン弾を使った可能性は強い。しかし、本当に劣化ウラン弾が使われたのかどうか？　その証拠を見つけることは困難を極めた。

二〇〇三年一二月初旬、サマワの町は自衛隊歓迎一色だった。町の中心部のマーケットのアーケードには、「私し達（原文ママ）も協力します。皆で町の再建を」「日本の友人の皆様にイラク人を代表し親愛のメッセージを送ります」と書かれている。さらに外に出ると通りには「歓迎　自衛隊の皆さん」と書かれた横断幕が掲げられていた。この横断幕を見て何か違和感を感じた私は、無意識に通行人を入れて横断幕を撮影しておいた。

これらの横断幕を作ったのは、商店街のほぼ中央で宝石店を経営するアマル・カデルさん（四一歳）だ。「サマワ市民の歓迎の気持ちを伝え、この町の再建に市民も力を合わせよう、という思いを込めて作りました」「日本語の部分は日本人ジャーナリストに頼んで書いてもらいました」と言った。私にも書いてくれと頼まれたが、ジャーナリストの仕事ではないし、自衛隊が来ることに歓迎なんて出来ないと思って断った。

このときには「歓迎　自衛隊の皆さん」という横断幕が日本で問題になっていたことを知るよしもなかった。

一人の日本人ビデオジャーナリスト（ここではE氏としておく）が、自分で書いた横断幕を撮影し、その映像が日本のテレビで何度も流されていた。通訳を通してアラビア語から英語に、英語から日本語に訳されたのだが、このとき通訳をしたのは、いつも私の取材に同行してくれていたワリードだった。

バグダッドに帰って、日本からのメールを受信して初めてこの事件のことを知り、撮影した「歓迎　自衛隊の皆さん」の横断幕の写真をワリードに見せながら日本語の上部に書かれた、アラビア語は何と書いてあるのかと聞くと、「Well come Japanese people」と書いてあるという、E氏にも「Well come Japanese people」と訳した、という答えが返ってきた。私は改めて、この日本語は「Well come Japanese army」って日本語で書かれているのだ、というと驚いて、訳した時には「Well come Japanese people」と訳したとはっきり断言した。

事の真相はさておき、この映像が政府や自民党首脳の「サマワの人は自衛隊派兵を待ち望んでいる」という世論づくりに最大限利用された。たとえば一一月中旬にサマワを訪れた日本政府の専門調査団は「地元当局は、日本の自衛隊が来るのを大歓迎。サマワには歓迎の横断幕が出ているほど」と報告している。テレビではこの映像をもとにサマワ市民は自衛隊を歓迎していると繰り返し放送した。この横断幕がサマワに自衛隊を派遣させた力になったかどうかは別として、このジャーナリストはその資質が厳しく問われなければならない。

サマワの町でカフェに入ると市民たちが集まってきて、日本の自衛隊はいつ来るのかと聞いてくる。まるで日本企業が仕事を持ってきてくれると勘違いしているようだった。

そんな話題から私の仕事の劣化ウラン弾のことを聞くと、この町は戦闘がなかったという。確かにこの町の中心部は無傷で残っていた。戦車も見つけることは出来なかった。半分あきらめて、空爆被害の住宅地を取材し、帰りにユーフラテス川の近くを通っている時、子どもが土手で羊を連れて歩いているところが目に入り、撮影し始めた。

私の後ろでワリードが地元の人と世間話を始めた。その話の中に、「近くにキャノン砲（野砲）が破壊されている。戦争中米軍のアパッチヘリが来て破壊した」と住民が話していると、ワリードが伝えてくれた。ピンと来たのである。アパッチヘリは劣化ウラン弾を使うと。

早速集まっていた男たちに案内してもらった。町の中心に架かっている橋から下流に一キロほど行った土手沿いの道の脇の広場に、錆びついたキャノン砲が放置されていた。空を向いた砲身の付け根に銃撃されて穴があいているところがあった。サーベメーターを近づけると猛烈な警告音が鳴り響いた。二カ所銃撃された傷があり放射線を出していた。

近くで農民が家畜に与える草を刈っていた。子どもたちが汚染されたキャノン砲の近くで遊んでいた。農民はこの場所に元々あったのではなく、二〇〇メートルほど先からこの広場に運んできたのだという。元あったところに案内してもらうと土を掘り返したような大きな穴が開いていた。「米軍が落ちていた砲弾を拾って行った」という。他のところでは放置しているのにサマワでは拾って片づけたのか？

片づけたとはいったい、何を意味するのか？　もしかしたら米軍のあと駐留するオランダ軍を配慮したのではないだろうか？　オランダは一九九九年のコソボ紛争の際、ＮＡＴＯ軍に参加したが、その兵士に白血病で亡くなった人がたくさん出ている。この原因は劣化ウラン弾の影響ではないかと考えられている。

さらに一九九二年、アムステルダム近郊の高層住宅に墜落したイスラエルの貨物機は、劣化ウランを大量にアメリカからイスラエルに運ぶ途中だった。墜落した際、積んでいた大量の劣化ウランが燃えてしまったといわれ、消火にあたった消防士らたくさんの人が、病気になっているという国内事情もあり、オランダは劣化ウランに対して非常に敏感な国なのだ。これはあくまで私の推察の域を出ないが、もし事実だとすれば、イラク人の命のことより駐屯する連合軍への配慮を優先させた、きわめて政治的な配慮だと思った。

汚染されたキャノン砲は結局二カ所で見つかった。いずれも住宅地から少し離れた、工場跡地や畑の中だった。

二〇〇三年、サマワに駐屯していたニューヨーク州兵に健康障害が起こっており、彼らの尿検査で高濃度の劣化ウランが検出されている事が分かった。この点については、後述する。

◆◆核施設からの略奪

バグダッド市中心部から南東二五キロに、イラクの中心的な核施設ツワイサがある。イラン・イラク戦争当時、イスラエルがミサイルで原子炉を破壊した。以後、修復できず湾岸戦争時にも徹底的に破壊され、核開発をあきらめてしまった。しかし、大量の核物質が保管されていた。

イラク戦争前、この施設はイラク軍が厳重に警備していた。しかし、バグダッドに米軍が侵攻する際、イラク軍が逃げてしまった。米軍の侵攻後は警備を怠ったため、周辺住民による略奪が始まったのだ。

核関連情報を最も熟知しているはずの米軍は、この施設を警備することもせず、住民が施設内に入って、略奪するのを黙って見ているだけだった。核汚染の危険を知っているイラクの放射線防護センターの職員が、米軍に何度も、略奪を防ぐように頼んだにもかかわらず、米軍は彼らの忠告を無視し、何も動かなかった。そして身の毛もよだつ恐ろしい事態が起こったのである。

私がこの事件を知ったのはバグダッド陥落後の取材から帰国してまもなくの、二〇〇三年五月七日の「朝日新聞」夕刊一面に掲載された「イラク中部ウラン容器略奪、被曝か」という記事だった。この新聞を広げた瞬間、「しまった」と思ったのだった。

四月一三日、私はこの施設のそばを通過したのである。その時、車の中でガイド件通訳のベスマン君が、「ここでラジオアイソトープを使って研究していた」と言っていた。彼はバグダッド大学農学部の学生だった。彼の話を聞きながら、車窓から住民が金属片や建材などを施設から持ち出している風景を漠然とみていた。その時ここが核施設で、核物質が運び出されていることなど夢にも思っていなかった。

略奪はバグダッドでイヤと言うほど見てきたし、サダム時代に会ったイラク人はみな紳士的で理性的な人が多かったから、独裁政権が倒れたからといって、こんなに豹変してしまったイラク人の姿を見たくもなかった。そのため略奪の場面を取材することは気持ちが重かった。

事件は二〇〇三年四月八日から始まった。住民たちはバグダッドに攻め上る米軍を後目に、施設内に進入し、原子炉の周辺やさまざまな研究施設から、金属機械や事務机など、ありとあらゆるものを運び出した。

住民が一番欲しかったのはプラスチック製のドラム缶だった。その中には黄色い粉が入っていた。臭いもなく、味もない黄色い粉が何なのか、住民は理解する知識もなかった。運び出す途中で、住宅地の空き地や学校の庭、道路に捨てられた黄色い粉は、やがて住民たちに取り返しのつかない災いをもたらし始めたのである。

私が取材に行ったのはそれから二カ月後の六月になってからだった。夏を迎えたバグダッドは、連日四〇度を超す猛烈な暑さで、ホテルのコンクリートの壁からは夜になっても熱線が出ていてることがわかるほど熱かった。銃声が響き、どこかで戦闘が行われ、爆発音でベッドから跳ね起きることもしばしばだった。

六月一二日、バグダッドのホテルからツワイサ核施設の北東側に隣接するジッセル・アリ・ディアラ村に向かった。途中、旧イラク軍関係の施設からは住民が建材や机、イスなどの略奪品を運び出していた。略奪は日常の風景になっていたのだ。

ジッセル・アリ・ディアラ村に入る手前のディアラ川に架かる橋は、イラク軍が米軍の首都侵攻を阻止するために爆破してしまったために片側しか通行できず、大渋滞が続いていた。渋滞した車にバナナ売りやコカコーラを売る少年が群がってくる。

戦争前、バナナは高級果物になっていたし、コーラと言えばイラク国内で生産されたペプシしかなかった。米軍の占領後から大量のバナナやコカコーラが入ってきたのだ。一時間ほどでようやく渋滞から抜けだし橋を渡ると、核汚染地域のジッセル・アリ・ディアラ村である。ここが汚染されていて危険だと理解している人は、ほとんどいない。

バスラやアマーラなどイラク南部に続くメインストリートの右側には、野菜や果物、肉などを売るマーケットが軒を連ね、品物は豊富に出回っている。バグダッド市内と南部に行く乗り合いバスの中継地になっていて、埃と排気ガスを巻き上げて次々に出発していく。

モスクの脇にあるアル・ジッセル診療所に行った。この地域の行政責任者がこれから案内してくれると言う。住宅地を通り抜けサフィーヤ小学校に着いた。核施設から運び出された金属機械やヘルメットなどが落ちていた。校舎の階段の踊り場に、ドラム缶がビニールシートにかくされて、数個置いてあった。金属製のふたには、黄色いイエローケーキが付着していた。校長先生が心配そうにのぞき込んでいた。子どもたちの一団が廊下を走り去っていった。

さらに二階教室の窓枠が汚染されていた。一階廊下の片隅も異常に汚染されている。子どもたちは毎日授業を受けているだけで被曝してしまう。さらに学校の目の前の住宅地で考えられないような高い汚染地を見つけてしまった。住民が不安そうにここを計れというので、サーベメータを近づけるといきなり警告音が鳴りっぱなしになってしまったのだ。測定限度を遙かに超え測定不能だ。

同行してくれた保健省放射線防護センターのジアード・A・サルマン主任は「イエローケーキではない他の核物質の汚染が考えられる。コバルト60やセシウム137などの核物質も持ち出されてしまったかもしれない」という。さらに「私たちは略奪にあう前に、ここには核物質があるから米軍にここを警備するように何度もお願いしたのですが、私たちの警告を無視したのです」と怒っていた。そればかりか「正門ゲートを開け放ち、住民が入りやすいようにしていた」と住民が証言していた。略奪を黙認した米軍の責任は重い。

ここは住宅地のど真ん中である。子どもたちは裸足で走り回り埃を撒き散らしてる。羊が草を食べ、鶏が水たまりの腐った水を飲んでいる。心配そうに集まってきた男たちの中にイエローケーキの入ったドラム缶を持ち出した人が三人いた。彼らの爪の間が黄色くなっている。サーベメーターを近づけると〇・五〇〇マイクロシーベルトもの高レベルだ。

イエローケーキを触った男の中に皮膚に発疹が起きている人がいたが、被曝が原因かどうか判らなかった。

住民はとても心配していたが、どうすればよいのかそのすべを知らない。その間に音も色も、臭いも味もない放射性物質は、住民の身体を蝕んでいっている。一刻も早く住民を安全な場所に避難させる。汚染源を特定し除去し、住民の健康診断を行わなければならない。全てが緊急を要する。しかし、国が崩壊してしまったイラクには、だれも助けてくれる人はいなかった。住民は激しい被曝を続けていた。

国際原子力機関（ＩＡＥＡ）は戦争前に何度も査察し、この施設にある核物質についての全容を掌握していた。それによると、核兵器開発の可能性はなく、放射性物質は安全に管理、保管しておけば問題ないという報告を行っていた。

この施設の汚染が世界に伝わると、ＩＡＥＡはただちに調査に入ることを表明したが、米軍がこれを拒否し、調査に入ったのは事件が起こってから二カ月後の六月だった。「ＩＡＥＡが調べに来た時に、一緒についてきた米兵はひどい汚染のために逃げ出してしまった」と住民たちがせせら笑っていた。

略奪が始まってしばらくすると住民の健康に異変が起こり始めた。バグダッドから四〇キロ南のマダーイン病院の医師ジャーファル・ナセル・スワイブさんは「皮膚の変色や鼻血、呼吸困難などの症状があり、白血球数の異常も見つかった。専門家のアドバイスも受け、急性放射線障害と診断しました」という。ジャーファル医師は住民の被曝に気づいた最初の医師だった。

ジャーファル医師が患者の家に案内してくれた。エルテファタさん（一三歳）はジッセル・アリ・ディアラ村に住んでいる。彼女の家の外壁は銃撃の跡が生々しかった。ここでも激しい戦闘が行われたという。

お母さんが出てきて、チャイを出してくれた。しばらくするとエルテファタさんが、ゆっくりした足取りで奥の部屋から現れた。オレンジ色のイラクの女性が着るロングドレスのような洋服にスカーフをしている。目には隈が出来ていた。兄が持ち帰ったドラム缶に入っていた水で洋服を洗った。しばくしてから倦怠感や頭痛、下痢、吐き気、発熱、赤い発疹が身体に出て病院に行った。今も呼吸困難と倦怠感、鼻血、吐き気などが続いている。「いまも身体がだるい」と、憂鬱そうに話していた。そばで母親が二杯目のチャイを差し出しながら心配そうに見守っていた。

その帰り道、ツワイサ核施設の北東の角を曲がろうとしているとき、ドライバーが突然あの金属を測って見ろといい、急停車させた。

ツワイサ核施設のフェンスと道路と住宅地の間の空き地に、たくさんの金属部品が放置されていた。車から降り、サーベメーターのスイッチを入れると、いきなり警告音が鳴り響いた。発生源は駐車した車から一〇メートルも離れていない所に転がっていた、タンクのような丸い筒状の容器だった。

内部をのぞき込むと黄色い粉がこびりつき、激しい放射線を出している。どうやらイエローケーキの攪拌《かくはん》機らしい。すぐ脇を羊を連れた住民が通り過ぎて行く。子どもたちが物珍しそうに集まってきた。乾燥し、灼熱の太陽が容赦なく照りつけ、砂埃とともに、黄色い粉を巻き上げて行く。日本のＮＧＯの人たちが、放射能のマークに「危険、近づくな」とアラビア語で書いたポスターを作って、汚染された場所に貼り紙をして回っていた。しかし、次の日には貼り紙がだれかの手によってはがされていた。

バグダッドに戻るとき渡るディアラ川には、戦争で破壊された橋の三〇〇メートル上流に鉄骨製の仮橋が架かっている。仮橋の手前に、「この橋は米海軍工兵隊がイラクの人たちのために架けた」と、いかにもお仕着せがましく書かれた看板が立っていた。戦争を仕掛けておきながら、イラクの人々のために作ったとは、話が逆転しているだろう、と思わずドライバーに怒りをぶちまけてしまった。

対岸で子どもたちが泳いでいた。この川はドラム缶を洗った川だ。危険きわまりない。「ここは危険だから泳いではダメだ」と言ったが、彼らはそんなことへっちゃらで、翌日もまた泳いでいた。


ツワイサはこれまで私が取材した世界の核汚染被害地の中で、最も恐ろしい場所だった。

カザフスタンの旧ソ連セミパラチンスク核実験場の高汚染地は実験場のど真ん中。住民の生活エリアから数十キロ以上離れている。しかしここは、住民の生活している住宅地のど真ん中で高汚染が進行しているのだ。見えないだけに、よけいに恐ろしい。

住民に被曝症状が現れるのは時間の問題だろう。国際社会は緊急に手を打たなければならない。ＩＡＥＡはこの事実を知っていながら、何もしていない。

事件が起こって一年目の二〇〇四年三月に現地を訪ねると、イラク人権協会のラガード・モハンマッドさんがジュッセル・ディアラの診療所にいた。私が日本から来たジャーナリストだと知ると、ぜひこの現状を世界に伝えて欲しいと訴えてきた。私も一年間で、何がこの村で起こっているのかを知りたかったので、彼女が案内してくれると言うことで大助かりだった。

最初に行った場所はアル・タミーン村のオマル・アリ・ムクタル小学校。道路を挟んでツワイサ核施設と隣接している。校門を開けると子どもたちの元気な声が響いてきた。ちょうど、授業と授業の合間だった。

校長先生が「昨年秋（二〇〇三年）頃から子どもたちの健康が急速に悪くなっている、これはツワイサの汚染と関係があると思う」と言って、顔を曇らせた。校長先生が病気で休んでいる子どもを紹介してくれた。弟がいるので、早退させて家まで案内させるという。

欠席していた子どもの名前はトレフカル・アリ・イブラヒム君（一二歳）。家は核施設からおよそ一キロ離れている。家の囲いはどこからか略奪してきたのであろう、不釣合いな金属板で塀を作っている。

トレフカル君は昨年一二月頃から体調を崩し、学校にも行けなくなってしまった。ベッドに寝たままのトレフカル君は、不安そうにお母さんの顔を見上げながら、起き上がってきた。お母さんがパジャマの上着をまくり上げると、お腹が風船のように膨れている。白目の部分が黄色くなっている。肝臓の炎症と診断されたという。

しかし、トレフカル君の両親は病院に支払う治療費がない。今までに治療費を三〇〇万イラクディナールも使ってしまった。タクシー運転手の父親のアリさん（五六歳）は、商売道具の車も売って息子の治療費に充てた。お母さんは何とか助けたいが病院に行く金がない、と言った。一二月に病院に行ったきりだった。

帰国後の二〇〇四年五月、ラガードさんからツワイサの少年が亡くなった、という悲しいメールを受け取った。トレフカル君のことだった。

七月、再び訪ねたが、トレフカル君が寝ていた部屋はきれいに片づけてあった。家族にお悔やみをいい、部屋を見渡すとトレフカノフ君の遺影が額に入っていた。母親が彼の遺影を手に、「良く来てくれた。親を残して息子が亡くなってしまう。順番が逆です」と言って、トレフカノ君の弟の肩をぎゅっとつかんだ。

こんな悲しいことが、いまイラクではたくさん生まれている。見えない核汚染が子どもたちの体を少しずつ蝕んでいっている。この罪は誰がどのように償うのだろうか。ブッシュ米大統領のいう、「大量破壊兵器の開発」がウソだったことがわかった今、この戦争を仕掛けたアメリカの罪は重い。イエローケーキに含まれる放射性物質のウラン238は、半減期が四五億年もある。地球の歴史と同じ時間をかけてようやく半分に減るのである。その意味では核汚染は永久的に続くといっても過言ではない。責任は米軍にある。しかし、この罪は償うことが出来ない。

◆◆白血病のアブドゥール

「お父さんに会いたいよ」と、高熱にうなされながら何度もお母さんに訴える白血病のアブドゥール君。二〇〇三年八月六日に突然高熱に襲われ、彼の白血病は始まった。

すぐに近くの病院に連れて行くとセントラル小児教育病院を紹介され入院した。私が会ったのはセントラル小児教育病院で子どもたちの取材をしている時だった。アブドゥール君はベッドに横たわり、白血病の治療薬の投与を受けていた。両親は大切な息子を何としても助けたいと親戚や友人からお金を借り、家財道具を売り、わが子の治療費を捻出した。

高額の治療費をいつまでも払い続けることは出来ず、お父さんのラフマン・バーセルさんは、武器の密売に手を出してしまった。二〇〇三年一〇月二一日、バグダッドの北部の古都サマラで対戦車砲を運んでいる途中、米軍の検問に出くわし、武器を持っていることが見つかり逮捕され、家族への連絡もなく行方不明になってしまった。

家族が必死に捜した結果、アブ・グレイブ刑務所に二カ月間入れられた後、イラク最南端のオムカッスルの刑務所に入れられていることがわかった。家族は

入院していた白血病のアブドゥール君（2004年３月 セントラル小児教育病院）

「レジスタンスとは何も関係なかった。息子のためにも早く返して欲しい」と言っていた。

三日後、セントラル小児教育病院を訪ねると、アブドゥール君は退院し、自宅に戻っていた。病院で住所を教えてもらい、訪ねた。湾岸戦争の時に誤爆で、大量の市民が犠牲になり有名になったアメリヤシェルターのある近くだった。

家の前に、埃をかぶった白い乗用車が置いてあった。アブドゥール君のお父さんラフマン・バーセルさんが逮捕されたときに乗っていた車だ。フロントガラスは叩き割られて全面にひびが入っている。逮捕の時に米軍が壊した、と祖父が言っていた。

アブドゥール君は母親と一緒に実家に住んでいるということだった。母親の実家はアメリヤ地区から車で三〇分ほどのニューバグダッドにあった。

母親の実家を訪ねると玄関まで出迎えてくれたのは、叔父のアブダルさん（三四歳）。その足下にしがみつくように、妹のアマーニ（二歳）と一緒にアブドゥール君が立っていた。つい先日、苦しそうにベッドの上でぐずっていたのが嘘のようだ。

退院したアブドゥール君と家族。今はお母さんの実家にいる（2004年３月　バグダッド）

クリクリした大きな目をじっと私に向けていた。家の中で妹や従兄弟と元気に歩き回っていた。話しを聞けば、私が病院であった時は、治療と投薬のために一日入院していただけだったという。

インタビュー中に、叔父のアブダルさんがアブドゥール君を連れて来週、オムカッスルの刑務所にお父さんに会いに行くという。

ちょうど私もその時期バスラに行ってるので、一緒に連れて行ってもらうことにした。

オムカッスル刑務所

当日の朝、待ち合わせのホテルにアブダルさんがやってきた。アブドゥール君の姿が見えないので尋ねると、熱が出て連れて来れなかった、と残念そうだった。アブドゥール君はお父さんとの再会を果たせなかった。

アブドゥール君のお父さんが収容されている刑務所があるオムカッスルは、この国では唯一、海に面している貿易港で有名だ。しかし、刑務所はクウェートの国境に近い砂漠の中にあった。

バスラから一時間ほどでオムカッスルに着いた。砂

アブドゥール君のお父さんが収容されているオムカッスル刑務所入り口（2004年３月11日）

漠の街道を右に入ると電波塔の鉄柱が立ち、そこを中心にテント群が見える。周囲は有刺鉄線で何重にも囲まれている。急ごしらえの捕虜収容所といった感じだ。

正面ゲートまでの通路は両サイドを土嚢《どのう》が背丈ほど積み上げられていた。五〇メートルほど中に入ると入り口になっていた。そこには二〇〇人ほどのイラク人が面会を要求して、押し寄せていた。奥には武装した米軍の兵士が警備している。

私はイラク人に紛れて米兵から身を隠し、様子を見ていた。イラク人たちはみな身内が無実で入れられていると訴えてきた。バグダッドやティクリートから来たという人が多い。どのようにして受け取ったのかわからないが、みな小さな紙切れに書かれた面会通知書を持っていた。そこには囚人番号が書かれていた。

米兵と一緒に警備しているクウェート兵が、面会家族の名前を呼び上げた。武装兵に取り囲まれた広場の検問所に連れ出され、厳重な身体検査を受けている。所持品のすべてをビニール袋に入れさせられ、面会所に行くバスが来るのを待つ。

バグダッドのアル・グレイブ刑務所の入り口周辺は、米軍が撮影禁止にしていた。ここも撮影できないかもしれないと半分あきらめていたが、米兵に写真撮影の許可を求めたら、意外にも、検問所の米兵のいる方はダメだが、イラク人家族なら撮って良いと許可された。さらに、家族と一緒に面会したいというと、撮影はできないが面会は許可してくれた。写真家にとって撮影が出来ないのはとても残念だが、ここで無理押ししても仕方ないので、素直に従った。

面会は二回に分けて行われた。私とアブダルさんは後半になった。面会家族で満員の迎えのバスに乗り込んだ。バスは、黒人の米兵が付き添って刑務所に入って行った。建物は全てテントで、コンクリート製の建物はなかった。刑務所と聞いたので、高い塀に取り囲まれ、監視塔から四方を監視している施設と思っていたがここは全く違っていた。

五分ほど走ると、面会所となる二つのテントと鉄条網で二重に囲まれた五〇メートル四方の広場に着いた。私たちは四角い広場に入れられ面会を待っていた。まもなく幌付きトラックが入ってきた。荷台にはオレンジ色のつなぎを着たイラク人男性が乗っていた。トラックが奥のテントに到着すると男たちはテントの中に押し込められた。オレンジ色の囚人服を着た男たちに混じって、平服を着た男たちもいる。

広場では面会に来た家族の名前を一人ひとりチェックされた。私は国籍とフルネームを聞かれただけだった。チェックを行っていたのはエジプト兵だった。ここにはレバノン兵も働いてる。

収容されていた男たちが待ちきれずに、隣りのテントの隙間から家族に手を振っていた。面会者のチェックが終わると、テントから男たちが広場に入ってきた。家族が目当ての男を見つけると、抱き合い再会を喜んでいた。離ればなれになって一〇カ月以上になる夫婦や親子など、目にいっぱい涙をためて抱き合い、大きな声で泣いていた。

面会時間はたった一時間。グループごとに車座になって地べたに座り、近況を伝えあっていた。

アブドゥール君のお父さん・ラフマンさんは、身長一六五センチほどの中肉中背の精悍な顔をした男だった。茶のシャツに黒っぽいズボンをはいていた。息子が来れなかったことを知らされちょっとがっかりしたようだった。義弟のアブダルさんは新しいサンダルと歯ブラシ、歯磨きクリームを土産に持ってきていた。

「ここには約二〇〇〇人が収容されている。二カ月前に一七〇人が釈放された。毎日サッカーをしたり、読書をしたりして過ごしている。食事は毎日朝と昼の二回。少し肉の入ったスープとライス、パン、卵が時々出る。食物の中に髪の毛や、石が混ざっていたりするので衛生的ではない。収容生活で一二キロ体重が減ってしまった。今下痢をしている。テント内は地べたにカーペットが敷かれている。バグダッドのアル・グレイブ刑務所よりここの方がましだ」と内部の様子を語ってくれた。

面会は毎月一回許されている。三カ月前に息子のアブドゥール君に会った彼は、髪の毛のない息子を見て自分の息子だと気付かなかった。米軍に逮捕された後、わが子が白血病の治療薬の副作用で髪の毛が抜けたことを知らなかったからだ。

「私は子どもの健康がとても気になります。早く会いたい。ここにいては何も息子にしてあげられません。しかし神は私を守ってくれるでしょう」と言った。ラフマンさんがいつ釈放されるのか、全く分からない。

別れ際、「日本を私はとても好きです。しかし、米軍に協力する軍隊を送った日本は好きになれません」と厳しい顔で言った。一時間の面会時間はアッという間に過ぎてしまった。

別れを惜しみ、夫にいつまでもしがみつく妻と子ども。年老いた父親が息子を抱き、泣きじゃくる姿は、無実の罪で自由を奪われた理不尽さに、抗する術を持たない人々の悲しみと無念さがにじみ出ていた。

バスラからバグダッドに戻って一週間後、アブドゥール君の住むニューバグダッドの母方の実家を訪ねた。叔父のアブダルさんが迎えてくれた。

アブドゥール君も玄関に出てきたがすぐに引っ込んでしまった。具合を尋ねると「食欲がなく、顔色も悪い。髪の毛が抜けることをとても気にしていて、神経質になっている」と、叔父のアブダルさんが説明してくれた。今飲んでいる薬はとても強い薬で副作用も強いらしい。子ども心にも、髪の毛がなくなることで、自分がどんな病気にかかっているのかわかっているらしい。結局私が帰るまで、姿を見せなかった。写真を撮られるのがイヤだったようだ。

アブダルさんにお願いして、戦争中アブドゥール君が住んでいた、アル・ナクワ地区の家に連れていってもらった。

アブドゥール君が白血病になってから、思い当たる節があって、両親はニューバグダッドの母親の実家に引っ越してきた。戦争中アル・ナクワ地区にたくさんの爆弾が投下され、その爆弾が劣化ウランや有毒物質を含んでいたのではないか、そのために、アブドゥール君が白血病になったと思っているのである。その真偽は定かではないが、爆撃された現場に連れていってもらうことにした。

バグダッドの中心部から西、バグダッド国際空港に近いその場所は、近くにサダム・フセインの息子クサイの軍事組織の戦闘司令部が置かれ、米軍に徹底的に破壊された地区だった。現在は米軍が空港を占拠し、占領支配の拠点になっている。その一角にイラクでは珍しい集合住宅のアパートが建ち並んでいた。ちょうど六〇、七〇年代に建てられた日本の集合住宅に似ている。ここは元内務相や大統領警護隊などの職員が国から住宅を与えられ住んでいたらしい。その一角にアブドゥール君のアパートはあった。

お母さんのアハラムさん（二八歳）は、私が持っていたサーベメーターでこのあたりを測ってくれと言うので、測定してみたが異常値は出なかった。アハラムさんに「大丈夫、汚染はされていないよ」と言っても、何か不安そうな目つきだった。わが子の病気の原因をはっきりさせたいと思う親心が切々と伝わってきた。

ブラッドレー戦車が砂埃を巻き上げながら猛スピードで基地内から出てきた。ブラッドレー戦車も劣化ウラン弾を使っている。近くには破壊されたイラク軍戦車が放置され、子どもたちが登って遊んでいた。手にはコカコーラの缶を持っていた。「誰にもらったの」と聞くと、米兵にもらったと言っていた。

帰国する前日アブドゥール君を訪ねた。いつもの母方の家にはおらず、近所の叔父さんの家にみんな集まっ

アブドゥール君が戦争中、住んでいた町。米兵にもらったと子どもたちがコカコーラを持っていた。戦前はイラク製ペプシしかなかった（バグダッド空港近く）

ていた。アブドゥール君は機嫌が悪く、体調が思わしくなさそうだった。おじいさんは気にすることはないと言っていた。帰り際に日本に連れていってくれないかと頼まれたが、その時は何も答えてあげることは出来なかった。

イラク帰還米兵

二〇〇三年六月ごろからわずか二、三カ月間イラクに滞在したニューヨーク州兵四四二部隊の兵士たちに、劣化ウラン弾の影響と思われる病気が拡がっていた。彼らの尿から、通常の何倍もの劣化ウランが検出されたのだ。米政府や軍は、一般兵士にはその危険性を一切知らせず、自国軍隊が使って汚染してしまった地域に送り込んでいた。

「私の軍への愛は一瞬で消えてしまった。国に裏切られた思いでいっぱいだ」

もうすぐ一歳になる娘を抱きかかえ、ジェラルド・マシューさんはこう言った。ニューヨーク州兵だったマシューさんが、輸送部隊の一員として初めてイラクに入ったのは二〇〇三年五月中旬。その後も軍用トラックを運転し、クウェートとイラクを何度も往復した。爆撃された町を抜け、破壊された戦車や軍事車両を運んだ。輸送を続けるうち、マシューさんの体調が異変をきたした。

「下痢、頭痛、腰痛、排尿時の痛み。顔の右側が赤く腫れ、皮膚に赤い斑点が浮かび、何重にも物が見えた。同僚も同じ症状で苦しんでいました」

部隊には医者がおらず、同年九月、マシューさんはドイツにある米軍の病院に移送された。帰国後は陸軍病院で診察を受けたが、原因は不明だった。

帰国してまもなく、妻のジェニスさんが妊娠。そして悲劇が起こる。

「担当の産科医が、挨拶するより先に発した言葉が『放射性物質に触れたことはありませんか？』というものでした。二人は初めての子どもに喜びでいっぱいだっただけに、そのときのことはいまだに忘れることができません」

ショックを隠しきれないマシューさんに、医師はこう続けたという。「お腹の赤ちゃんは、右手の指がありません」

はたして、二〇〇四年六月に生まれたビクトリアちゃんの右手には豆粒のような小さな指が三つしかついていなかった。夫婦の家系に先天的異常は見受けられない。だが、イラクの子どもたちの奇形の写真を見て、マシューさんはあまりにも状況が似ていることに気づく。自分の健康との関係について考え始めたのは、それからだったという。

「その後、私と同じような症状で苦しんでいた州兵の仲間から、劣化ウラン弾のことを初めて知らされました。当時は自国の軍隊が劣化ウラン弾を使い、被害が出ていることなど誰も知らなかった。教えてくれる人もいなかった」

劣化ウラン弾は、体内に入ると、被爆と同時に重金属の毒性で内臓が侵され、白血病や癌《がん》、奇形児の発生などさまざまな症状を引き起こす。初めて実戦投入されたのは湾岸戦争で、イラク戦争では人口密集地域で大量に使用された。イラクでは、その影響と思われる癌や白血病が多発し、奇形児がたくさん生まれているのだ。

イラク帰還兵のジェラルド・マシューさんと娘のビクトリアちゃん

「帰国時、軍医に『イラクでさまざまな害虫や化学物質に触れたので、今後一年は子どもを作るな。献血は一〇年間行ってはならない』と言われたんです。無事に家族と再会できる喜びがいっぱいで、そのことが何を意味していたのか、当時は理解できず、気にも止めていませんでした」

マシューさんらは軍に劣化ウラン弾の検査を要請したが、取り合ってはもらえなかった。だが、二〇〇三年秋、地元紙の「ニューヨークデイリーニュース」が、ドイツの民間機関でマシューさんを含む一〇人の帰還兵を検査した。結果は陽性、一〇人中九人に劣化ウランの異常値が認められたと発表したのだ。マシューさんは通常の八から一〇倍の高い数値だった。

さらに一年後には、ヒラリー・クリントン上院議員や地元国会議員、ニューヨーク州知事らから、帰還兵全員の劣化ウラン弾検査を求める意見が上がる。慌てて尿検査が行われたが、軍の発表は「全員異常ナシ」というものだった。どこまで信じられるのか……。軍、そして政府の対応に怒りを覚えたマシューさんら被害者は、次々とマスコミに出演し、不満と不信を訴えた。彼らは現在、国に補償を求める裁判を起こしている。

憲法の精神と愛国を疑わずにイラクへ赴いた米兵たち。国への忠誠心が、音を立てて崩れ去ろうとしている。

私の取材した兵士たちは黒人やヒスパニック系がほとんどだった。彼らはアメリカ社会の中で貧困層に属する。そこから抜け出すために軍に入り、もがき苦しんでいる人々だった。取材に応じて表に出られるイラク帰還米兵はいい方で、彼らのように声を上げられない事情を持つ米兵の方が多い。

その事情とは、彼らの多くがまともな治療を受けられる医療費を支払えるほどの経済力がない。彼らが頼る医療機関は、軍関係や退役軍人省の病院だ。そこでは無料で治療を受けられる。しかしこういった病院では、劣化ウラン被害を告発すると、治療を打ち切られてしまう。それを心配して多くの帰還兵が声を上げることができないでいるのだ。

＊――あとがき

私は一九九八年以来、イラクと関わり続けている。

初めて行ったイラクは、国連の経済制裁下で、国民の生活がますます厳しさを増している時期だった。人々は明日食べるものにも事欠く生活で、家具を売り、それまで蓄えてきた財産を切り売りして生活していた。

しかし、明るく、たくましく、おおらかで包み込むような優しさにあふれていた。独裁政権下の国とは思えないほど、個性豊かに生きる人々の国だった。これが初めて行ったイラクの印象だった。

当時、西側のメディアからは、イラクから発せられる情報はサダム・フセインのプロパガンダと思われ、相手にされなかった。国際社会は、イラクを暗く恐ろしい独裁国家として描き出し、そこに生きる一般市民をも同じようにとらえていた。

私のイラクでの取材の中心的なテーマは、劣化ウランによる汚染とその被害だった
湾岸戦争で初めて使われた劣化ウラン弾の被害は、想像を絶するものだった。また、国連による経済制裁によって医薬品が手に入らず、白血病や癌《がん》で、子どもたちが次々と亡くなっていく状況を、国際社会は無視し続けたのである（その詳しい実情は、前著『イラク　湾岸戦争の子どもたち―劣化ウラン弾は何をもたらしたか』〈高文研・刊〉で報告している）。

その現場に立ち会った一人のジャーナリストとして、それがどんな国で起こっていることであろうとも、子どもたちが亡くなっていくその実情は伝えなければならない。そう勢い込んで帰国しても、当時は取り上げてくれるメディアはほとんどなかった。

転機は二〇〇一年の九・一一事件だった。あの日のテレビニュースの映像を今でも鮮明に覚えている。自宅でテレビのニュースを見ていた私は、まるで映画を見ているような錯覚に陥ってしまった。ブッシュ大統領は直ちに「報復」を説き、テロとの戦争を宣言し、アフガニスタンへの戦争を皮切りに、イラク攻撃の宣言をしていった。アフガン戦争が始まり、イラク戦争へと歴史が大きく転回を始めてしまったのである。私の取材の舞台も、必然的にアフガニスタン、イラクの戦場へと繋がっていった。

こうして、これまでほとんど無視されていたイラクが騒がれ始め、私の取材も期せずしてメディアに取り上げられるようになってしまったのである。

イラクの首都バグダッドは世界が注目する都市になり、それまでほとんどいなかった外国のジャーナリストが目につくようになった。しかし、西欧の巨大メディアから派遣されてきたジャーナリストの目は偏見に満ち、イラク市民の立場からイラクを見ようとするものは少なかった。

一九七〇年代から、いかにイラクを言いなりになる国にするかが、メジャー石油資本を代弁する米歴代政権の大きな課題でもあった。八〇年代のイラン・イラク戦争、九〇年代の湾岸戦争、そして今回の戦争は、アメリカのエネルギー戦略の中の同一線上で行われてきたものなのだ。

そして、サダム独裁下のイラク恐怖説はアメリカがイラクとの戦争を合理化するための理由付けに使われ、それが世界中に蔓延したのである。前出のジャーナリストたちもこのアメリカの宣伝にまんまと乗せられた人たちであったのだ。例えば湾岸戦争で破壊されてしまった核施設での核開発疑惑、どん底に落ち込んだ経済下での大量破壊兵器の開発など、どのようにしたら出来るのか。

さらに、オサマ・ビン・ラディンとサダム・フセインの共謀説などは、イラクへの無知から来ているとしか思えない。そもそも、サダム政権下のイラクはイスラム原理主義を排除していた国だ。その国にイスラム原理主義のオサマ・ビン・ラディンがいられるわけがない。イラクのことを少しでもまじめに知ろうとすれば、すぐわかることだ。

アメリカや日本の国民は、簡単なブッシュ流のトリックに乗せられてしまった。冷静に判断できる情報を奪われていた国民という点では、アメリカ人もサダム独裁下のイラク人も同じように不幸だった。

イラクのことを少しでも知ってしまった一人のジャーナリストとして、私は、この無知の上に成り立った戦争にやり場のない怒りを感じていた。

そして、この戦争でアメリカは何をもたらすのかをこの眼でしっかり見たいという強い思いが生じてきた。開戦翌日、バグダッドに入り空爆下の市民の姿を捉えた。恐怖は全くなかった。戦争を始めた者への怒りが恐怖を覆い尽くしていたのかも知れなかった。

サダム政権崩壊後、自由に入ることが出来るようになったイラクに五回出かけた。イラクはブッシュの思うようにはならなかった。占領は激しい抵抗を生み、イラク人の心はアメリカから離れて行く。この当然のことが侵略者には理解できない。

私は本書の前に、『イラク　湾岸戦争の子どもたち―劣化ウラン弾は何をもたらしたか』を発表した。その中で「とりわけ、ブッシュ大統領に見てほしいと思う。この写真を見た上で、それでもなおかつ爆撃を強行するとしたら……私は言うべき言葉を知らない」と書いた。この願いもむなしく、戦争は強行されてしまった。

そして、二年後の今なおイラクはますます混乱を極めている。

本書の中心的テーマでもある劣化ウランと核汚染の状況はさらにひどくなりつつある。その禍《わざわい》はみな、イラクの人々の上に降り注ぐことになってしまった。劣化ウランの主成分のウラン238は半減期が四五億年である。ちょうど地球が誕生してからの時間と同じ時間をかけてようやく半分に減るのである。

その意味では、湾岸戦争と今度のイラク戦争はイラクの環境を永久に汚染してしまったことになるのだ。イラクの人々は今後何世代にもわたってその影響を受けなければならない。この責任は誰がとるのか。この戦争を始めた者は永久に償うことが出来ない罪を犯したと言っても過言ではない。アメリカはこの戦争で犯した罪を償いきれない。取り返しのつかないことをしてしまったのだ。

あとがき

イラク情勢は、ますます混迷の度を深めている。最近、爆弾テロはアメリカが仕掛けているものも多い、という情報が入ってきた。どれだけ本当なのかは定かではないが、私が爆弾事件を取材した時も、必ずといっていいほど住民から同じような情報を耳にしていた。「イラクの自由と民主主義のためにサダム・フセインの圧制から解放した」というブッシュ大統領の言葉とは裏腹に、この二年半にわたる占領の現実は、自由と民主主義の抑圧でしかなかった。

私は「イラクは自力で再建できるから、外国勢力は手を出さないでそっとしておいて欲しい」と願っている。

イラク国民は、独裁政権下とはいえ曲がりなりにも選挙を行い、大統領制を敷き、議会も持っていた。国民の教育水準は近隣諸国より高く、石油が売れれば経済的には完全に自立できるだけの力を持っているのだ。しかも、チグリス・ユーフラテスの大河にはぐくまれた数千年の歴史を持つ国なのだ。今、最も求められていることは、外国軍隊の撤退だ。そうすれば、爆弾事件の口実もなくなり、テロリストの活動する余地と理由もなくなる。そしてもうひとつ求められていることは、何より安全な暮らしが出来ることだ。この当たり前のことが実現出来ないところに、私はいらだちを感じてしまう。独裁政権下の方がイラクは、安全で国民は幸せそうだった。これは極論かも知れないが、確かにそうだった。

本書は、私が見てきたイラク戦争・サダム政権崩壊前後の二年間の記録である。

主権を蹂躙された国がいかに不幸か。「自由と独立ほど尊いものはない」という言葉を思い出す。これはベトナムをアメリカの侵略から解放したホー・チ・ミン大統領の言葉だ。折りしも、今年はベトナム解放三〇年。この言葉をイラクの人々に贈りたい。

最後に、本書の出版に当たり多くの方々にお力添えをいただいた。この場を借りてお礼を申し上げたい。

二〇〇五年六月二三日

森住　卓

森住 卓（もりずみ・たかし）
1951年、神奈川県生まれ。フォトジャーナリスト。基地、環境問題などをテーマに取材活動を行ってきた。1994年より世界の核実験場の被曝者を取材。旧ソ連のセミパラチンスク核実験場の取材で、週刊現代「ドキュメント写真大賞」を受賞。99年出版の『セミパラチンスク』（高文研）で、日本ジャーナリスト会議特別賞、平和・協同ジャーナリスト基金奨励賞を受賞。98年より湾岸戦争で米英軍がイラクで使った劣化ウラン弾による人体への影響を取材し、『イラク　湾岸戦争の子どもたち』（高文研）を出版。2003年のイラク戦争前後も、爆撃される側の視線にたって取材活動を続けた。
著書はほかに『核に蝕まれる地球』（岩波書店）、共著に『イラクからの報告』（小学館）『私たちは いま、イラクにいます』（講談社）など。
ホームページ http://www.morizumi-pj.com/

イラク　占領と核汚染

●二〇〇五年　八　月　六　日――――第一刷発行

著　者／森住　卓
発行所／株式会社 高文研
東京都千代田区猿楽町二―一―八
三恵ビル（〒一〇一＝〇〇六四）
電話　03＝3295＝3415
振替　00160＝6＝18956
http://www.koubunken.co.jp
本文組版／WebD（ウェブ・ディー）
印刷・製本／株式会社プロスト
★万一、乱丁・落丁があったときは、送料当方負担でお取りかえいたします。

ISBN4-87498-347-2　C0036